뉴턴이 들려주는
미분 2 이야기

김승태 지음

NEW
수학자가 들려주는
수학 이야기
70

뉴턴이 들려주는
미분 2 이야기

㈜자음과모음

추천사

수학자라는 거인의 어깨 위에서 보다 멀리, 보다 넓게 바라보는 수학의 세계!

수학 교과서는 대개 '결과'로서의 수학을 연역적으로 제시하는 경향이 강하기 때문에 학생들은 수학이 끊임없이 진화해 왔다고 생각하기 어렵습니다. 그렇지만 수학의 역사는 하나의 문제가 등장하고 그에 대해 많은 수학자가 고심하고 이를 해결하는 가운데 새로운 아이디어가 출현해 온 역동적인 과정입니다.

〈NEW 수학자가 들려주는 수학 이야기〉는 수학 주제들의 발생 과정을 수학자들의 목소리를 통해 친근하게 이야기 형식으로 들려주기 때문에 학생들이 수학을 '과거 완료형'이 아닌 '현재 진행형'으로 인식하는 데 도움이 될 것입니다.

학생들이 수학을 어려워하는 요인 중의 하나는 '추상성'이 강한 수학적 사고의 특성과 '구체성'을 선호하는 학생의 사고 사이에 존재하는 간극이며, 이런 간극을 줄이기 위해서 수학의 추상성을 희석시키고 수학 개념과 원리의 설명에 구체성을 부여하는 것이 필요합니다.

〈NEW 수학자가 들려주는 수학 이야기〉는 수학 교과서의 내용을 생동감 있게 재구성함으로써 추상적인 수학을 구체성을 갖는 수학으로 변모시키고 있습니다. 또한 중간중간에 곁들여진 수학자들의 에피소드는 자칫 무료해지기 쉬운 수학 공부에 윤활유 역할을 해 줄 것입니다.

〈NEW 수학자가 들려주는 수학 이야기〉의 구성을 보면 우선 수학자의 업적을 개략적으로 소개하고, 6~9개의 강의를 통해 수학 내적 세계와 외적 세계, 교실 안과 밖을 넘나들며 수학 개념과 원리를 소개한 후 마지막으로 강의에서 다룬 내용을 정리합니다.

이런 책의 흐름을 따라 읽다 보면 각각의 도서가 다루고 있는 주제에 대한 전체적이고 통합적인 이해가 가능하도록 구성되어 있습니다. 〈NEW 수학자가 들려주는 수학 이야기〉는 학교 수학 교과 과정과 긴밀하게 맞물려 있으며, 전체 시리즈를 통해 학교 수학의 많은 내용들을 다룹니다. 따라서 〈NEW 수학자가 들려주는 수학 이야기〉를 학교 수학 공부와 병행하면서 읽는다면 교과서 내용의 소화 흡수를 도울 수 있는 효소 역할을 할 것입니다.

뉴턴이 'On the shoulders of giants'라는 표현을 썼던 것처럼, 수학자라는 거인의 어깨 위에서는 보다 멀리, 넓게 바라볼 수 있습니다. 학생들이 〈NEW 수학자가 들려주는 수학 이야기〉를 읽으면서 각 수학자의 어깨 위에서 보다 수월하게 수학의 세계를 내다보는 기회를 갖기를 바랍니다.

홍익대학교 수학교육과 교수 |《수학 콘서트》저자 박경미

> 책머리에

세상의 진리를 수학으로 꿰뚫어 보는 맛 그 맛을 경험시켜 주는 '미분 2' 이야기

미분은 어떤 면에서 '美아름다울 미분'이 아닐까 합니다.

하지만 학생들 입장에서 미분이 결코 아름다움의 대상은 아닐 것입니다. 저 역시도 학창 시절에는 미분에 대한 커다란 반감을 가지고 있었습니다. 외워야 할 공식도 많거니와 미분의 응용으로 들어가면 거의 머리가 마비될 정도였기 때문입니다. 미분의 어려움은 시험에서 가장 적나라하게 드러났습니다.

그러나 지금의 저는 학생들을 대상으로 수학을 가르치고 지도해야 하는 입장에 있습니다. 이제 그들에게 그 어려웠던 미분을 소개하고, 가르치고, 친하게 만들어야 하는 위치에 있게 된 것입니다.

저는 가르침에서 가장 중요한 것을 재미라고 생각합니다. 그래서 저는 어떻게 하면 미분을 가장 쉬운 방법으로 학생들에게 가르쳐 줄 수 있을까 고민했습니다. 그런 무수한 고민 속에서 변치 않고 있는 생각은 언제나 학습에 있어 '수학'의 입장이 아닌 우리 '학생'의 입장에 서야 한다는 것이었습니다.

저는 그처럼 이 책《뉴턴이 들려주는 미분 2 이야기》를 쓰기 위하여 학생들이 배우는 모든 고등학교 수학 교과서를 분석하고, 수능에 출제된 문제를 분석하였습니다. 지피지기면 백전백승이라고 하였기 때문입니다. 또한 미분에 관한 에피소드를 찾기 위해 도서관을 샅샅이 뒤지고 뒤져 학생들이 공부하다 지칠 때 읽으면 도움이 될 만한 이야기를 실었습니다.

  세상 모든 일이 다 그렇듯이 어떤 것을 대하는 태도에 따라 결과가 달라지게 마련입니다. 수학 역시 마찬가지입니다. 미분을 즐겁게 대한다면 미분도 반갑게 여러분 곁으로 다가갈 것입니다. 이 책은 미분을 반갑게 맞이할 수 있는 태도를 기르기 위해 만들어졌습니다. 이런 저의 노력이 여러분에게 소중한 도움이 될 수 있기를 바랍니다.

김승태

차례

추천사	4
책머리에	6
100% 활용하기	10
뉴턴의 개념 체크	22

1교시
미분의 역사   29

2교시
미분의 이모저모   45

3교시
미분 근육 기르기   63

4교시
도함수   79

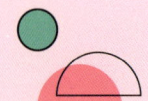

5교시
미분법 공식—도함수 계산　　　　　　　　　　　**101**

6교시
미분법 활용　　　　　　　　　　　　　　　　　　**117**

7교시
미분계수와 기울기, 미분가능일 조건　　　　　　　**139**

8교시
미분 전쟁　　　　　　　　　　　　　　　　　　　**155**

1 이 책은 달라요

《뉴턴이 들려주는 미분 2 이야기》는 《뉴턴이 들려주는 미분 1 이야기》에 이어 미분에 대해 좀 더 자세히 다루고 있는 책입니다. 이 책에는 미분 공식이 많이 등장하지만 재미있는 에피소드도 풍부하게 실려 있어 학교에서 배우는 미분 공식을 아주 쉽고 자세히 이해할 수 있도록 하였습니다. 또한 미분에 얽힌 역사적인 이야기는 학생들의 학습 흥미를 불러일으키는 데 큰 역할을 하고 있습니다. 특히, 미분 발견을 두고 뉴턴과 라이프니츠가 겪은 갈등을 재미있는 재판 형식으로 학습하는 것이 주목할 만합니다. 이 책은 다른 문제집이나 교과서에서 다루지 않은 세세한 풀이 과정을 실어 학생들의 학습을 도왔습니다.

2 이런 점이 좋아요

① 고등학생들이 배우는 미분일지라도 초등학교 고학년이라면 무난히 소화시킬 수 있도록 단어 선택에 각별히 신경 썼습니다.

② 어려운 미분을 배우면서 수학에 대한 흥미가 떨어지지 않도록 최대한 재미있는 말투와 이야기로 학생들의 흥미를 자극하도록 노력하였습니다.

③ 일반인들도 미분에 대한 지식을 쌓을 수 있도록 알차게 구성하였습니다.

3 교과 연계표

학년	단원(영역)	관련된 수업 주제 (관련된 교과 내용 또는 소단원명)
고 1(공통수학2)	집합과 명제	명제
고 2~3(미적분1)	함수의 극한과 연속	함수의 극한, 함수의 연속
	미분	미분계수
고 2~3(미적분2)	미분법	여러 가지 함수의 미분, 여러 가지 미분법

4 수업 소개

1교시 미분의 역사

미분의 역사와 관련된 수학자들을 만나 봅니다.

- 선행 학습

- 아르키메데스 : 고대 그리스 자연 과학자입니다. 원圓·구球 등의 구적법, 지레의 원리, 아르키메데스의 원리 등을 발견하였습니다. 저서에《구와 원기둥에 대하여》,《평면의 평형에 대하여》,《포물선의 구적》,《방법》등이 있습니다.

- 페르마 : 근대 정수론의 창시자라고도 불립니다. 페르마는 데카르트와 함께 17세기 중반 수학을 이끈 사람으로, 해석기하학의 기본 원리를 발견했습니다. 그는 곡선의 접선과 극대·극소점을 찾는 방법을 만들어 미분학 창시자로 간주되어 왔으며 파스칼과 편지 왕래로 확

률론의 공동 창시자가 되었습니다.
- 오일러 : 순수 수학의 창시자 중 한 사람입니다. 기하학·미적분학·역학 그리고 정수론 형성에 결정적으로 기여했을 뿐만 아니라 관측 천문학적인 문제를 푸는 방법을 개발했으며 과학 기술 및 공공 업무에 수학을 유용하게 적용할 수 있음을 보여 주었습니다.
- 라그랑주 : 정수론과 해석 역학, 천체 역학에 크게 기여하였습니다. 그의 가장 중요한 저서인 《해석 역학Mcanique analytique》1788은 나중에 이 분야의 모든 연구에 기본이 된 최초의 교본입니다.
- 코시 : 해석학과 치환군한 집합의 순서 수열들을 원소로 하는 군을 개척한 근대의 가장 위대한 수학자 중 한 사람입니다.

• 학습 방법

- 미분법의 유래는 곡선에 접선을 그리는 문제와 함수의 극대·극솟값을 구하는 데 있다고 전해집니다. 그 출발이 고대 그리스까지 거슬러 올라간다 하더라도 최초로 미분법을 명확히 예상한 것은 1629년 페르마의 극댓값과 극솟값을 구하는 방법부터였다고 보고 있습니다.
- 라이프니츠는 미분을 기하학적인 접선을 매개로 정의하여 이를 고안해 내면서 미분, 미분법, 함수, 좌표, 미분방정식 등의 용어를 사용하였습니다.

2교시 미분의 이모저모

미분에 관한 재미있는 에피소드를 알아봅니다.

- 선행 학습

  - 접선 : 일변수함수_{변수가 하나인 함수} $y=f(x)$의 곡선과 한 점에서 만나는 직선을 말합니다.

  - 적분 : 어떤 구간에 대한 함수의 그래프가 이루는 면적에 해당하는 값_{정적분} 또는 미분하면 원래 함수가 되는 새로운 함수_{부정적분}를 말합니다.

  - 미분가능 : 변수 x값의 변화량에 대한 함수 $f(x)$의 변화량의 비가 한없이 일정한 값에 가까워지는 것을 말합니다.

  - 연속 : 함수 $f(x)$에서 마음대로 정한 오차 E에 대하여 a에 적당히 가까이 있는 모든 점 x의 함숫값이 언제나 $f(a)$에서 이미 정한 오차 E보다 가까이 있는 성질을 말합니다.

  - 불연속 : 이어져 있지 않고 중간중간 끊어져 있는 상태를 말합니다.

  - 이차함수 : 함수를 나타내는 식이 이차식인 함수를 말하며, $y=ax^2+bx+c$(단, $a\neq 0$)의 꼴을 가집니다.

- 학습 방법

  - 수학자 푸리에는 "수학은 가능한 한 여러 가지 현상을 비교하여 보고 그 사이에 존재하는 유사성을 발견한다."라고 말했습니다.

  - 함수 $f(x)$가 $x=a$에서 미분가능하면 $x=a$에서 연속임을 알고 있

어야 합니다.
- 함수 $f(x)$가 $x=a$에서 불연속이면 $x=a$에서 미분가능하지 않음을 알 수 있습니다.
- 함수 $y=|x|$의 그래프에서 볼 수 있듯이 연속이더라도 그래프가 $x=0$에서와 같이 꺾여 있으면 그곳에서 미분계수가 없으므로 미분가능하지 않습니다.
- 함수에서 극대와 극소는 증가에서 감소로, 감소에서 증가로 바뀌는 전환점이며 최대나 최소가 될 수 있는 점입니다.

3교시 미분 근육 기르기

변화를 분석하는 미분에 대해 알아봅니다.

- 선행 학습

- 선분 : 선분은 양쪽에 끝나는 점이 있으며, 직선의 한 부분을 이룹니다. 무한한 길이를 가지는 직선, 반직선과 달리 길이를 잴 수 있습니다.
- 반비 : 한쪽의 양이 커질 때 다른 한쪽 양이 그와 같은 비율로 작아지는 관계를 말합니다. 한쪽이 2배, 3배……와 같이 변할 때, 다른 쪽은 $\frac{1}{2}$배, $\frac{1}{3}$배……와 같이 역수로 비례하는 관계입니다.
- 도함수 : 함수 $f(x)$를 미분하여 얻은 함수입니다. $f(x)$의 미계수 또는 미분계수라고도 하며 y', $f'(x)$, $\frac{dx}{dy}$ 등으로 나타냅니다.

• 학습 방법

- 한 점의 순간 변화를 '순간 기울기'라고 할 수 있습니다. 순간 기울기란 곡선 위 각 점의 기울기입니다.
- 도함수는 다음과 같이 표현합니다.
$$f'(x) = \lim_{h \to 0} \frac{f(x+h) - f(x)}{h}$$
- $f(x)$가 함수인 것처럼 $f(x)$를 미분해서 얻은 도함수도 함수입니다. 즉, 변수 x를 넣으면 그 값에 따라 기울기를 구할 수 있습니다.
- $\frac{dy}{dx}$라는 기호에 대해서 알고 있어야 합니다. '디와이, 디엑스'라고 읽습니다. y를 x로 미분한다는 뜻입니다.

4교시　도함수

도함수의 의미에 대해 알아봅니다.

• 선행 학습

- 완전제곱식 : 어떤 정식의 제곱으로 표현되는 식을 말합니다.
- 정의역 : x값들의 범위를 말합니다.

• 학습 방법

- 도함수는 영어로 derivative function이라고 합니다.
  derivative는 '끌어낸'이라는 뜻입니다. 도함수의 '도'는 '유도된', '이끌어 낸' 등의 근원적이라는 뜻입니다.
- 도함수의 정의에 대해 정리해 보면 다음과 같습니다.

미분가능한 함수 $f(x)$의 도함수 $f'(x)$는
$$f'(x)=\lim_{\Delta x \to 0}\frac{\Delta y}{\Delta x}=\lim_{\Delta x \to 0}\frac{f(x+\Delta x)-f(x)}{\Delta x}$$
- 함수 $f(x)$의 도함수 $f'(x)$는 함수 $f'(a)$의 변수를 a에서 x로 바꾸어 놓은 것입니다. 이 함수를 함수 $f(x)$의 도함수라 하고, 기호로는 $f'(x), y', \frac{dy}{dx}, \frac{d}{dx}f(x)$로 나타냅니다.

5교시 미분법 공식 – 도함수 계산

미분 공식에 대해 알아봅니다.

- 선행 학습

- 좌표평면 : 좌표계가 정해진 평면을 말합니다. 이 평면의 각 점에는 두 수로 된 한 쌍의 좌표가 대응하고 있어서, 이것을 이용하여 도형의 성질을 대수 계산에 의해 연구할 수 있습니다.

- 차수 : 정수 또는 정식을 몇 개의 간단한 인수의 곱의 꼴로 바꾸어 나타내는 것을 말합니다.

- 학습 방법

- 상수함수는 도함수가 무조건 0입니다.

- $y=x^n$을 미분해 봅시다.
$$\begin{aligned}f'(x)&=\lim_{h \to 0}\frac{f(x+h)-f(x)}{h}\\&=\lim_{h \to 0}\frac{h\{(x+h)^{n-1}+(x+h)^{n-2}x+\cdots\cdots+x^{n-1}\}}{h}\\&=\lim_{h \to 0}\{(x+h)^{n-1}+(x+h)^{n-2}x+\cdots\cdots+x^{n-1}\}\end{aligned}$$

$$= x^{n-1} + x^{n-1} + \cdots\cdots + x^{n-1}$$
$$= nx^{n-1}$$

- $y = f(x)g(x)h(x)$를 미분해 봅시다.

$$y' = \{f(x)g(x)\}'h(x) + \{f(x)g(x)\}h'(x)$$
$$= \{f'(x)g(x) + f(x)g'(x)\}h(x) + f(x)g(x)h'(x)$$
$$= f'(x)g(x)h(x) + f(x)g'(x)h(x) + f(x)g(x)h'(x)$$

6교시 미분법 활용

미분 공식을 문제 풀이에 활용합니다.

- 선행 학습

- 분배법칙 : 기호로는 $a(b+c+d) = ab+ac+ad$로 나타냅니다. 단항 인수 a를 다항 인수 $b+c+d$의 각 항에 분배, 즉 각 항과 하나씩 곱하여 $ab+ac+ad$를 얻습니다. 그러므로 몇 개의 수를 더한 뒤에 그 합에 어떤 수를 곱한 결과는 어떤 수를 몇 개의 수들 각각에 곱한 뒤에 그 값들을 더한 결과와 같습니다.

- 동류항 : 다항식에서 계수는 다르나 문자 인수가 같은 두 개 이상의 항을 말합니다.

- 합성함수 : 두 함수를 합성하여 얻은 함수를 말합니다. 두 함수 $y=f(z)$와 $z=g(x)$에 대하여 $y=f(g(x))$를 이르는 말입니다.

- 학습 방법

    - $y=c$ (단, c는 상수) ➡ $y'=0$

    - $y=x^n$ (단, n은 자연수) ➡ $y'=nx^{n-1}$

    - $y=cf(x)$ (단, c는 상수) ➡ $y'=cf'(x)$

    - $y=f(x)\pm g(x)$ ➡ $y'=f'(x)\pm g'(x)$

        요걸 합·차의 미분법이라고 부르기도 합니다.

    - $y=f(x)g(x)$ ➡ $y'=f'(x)g(x)+f(x)g'(x)$

        요건 곱의 미분법이라고 하지요.

    - $y=f(x)g(x)h(x)$ ➡

        $y'=f'(x)g(x)h(x)+f(x)g'(x)h(x)+f(x)g(x)h'(x)$

        $\therefore y=\{f(x)\}^n$ ➡ $y'=n\{f(x)\}^{n-1}f'(x)$

7교시 미분계수와 기울기, 미분가능일 조건

미분계수와 접선의 기울기를 공부하고, 미분가능일 조건을 알아봅니다.

- 선행 학습

    - 기하학 : 공간의 성질과 공간 안의 물체에 대한 성질을 다루는 수학의 주요 분야입니다.

    - 탄젠트 : 한 점에서 곡선의 기울기는 접선의 기울기와 같습니다. 접선은 곡선 위의 두 점이 서로 접근할 때 곡선 위의 두 점을 지나는 할선의 극한 직선이라고 할 수 있습니다. 접면과 다른 곡면들도 유사하

게 정의합니다.

- **학습 방법**
  - 미분계수와 접선의 기울기 : 곡선 $y=f(x)$ 위의 점 $(a, f(a))$에서 접선의 기울기는 함수 $y=f(x)$의 $x=a$에서 미분계수 $f'(a)$와 같습니다.

8교시 미분 전쟁

미분의 역사와 발전 과정을 배움으로써 앞으로 배우게 될 《라이프니츠가 들려주는 미분 3, 4 이야기》를 이해하는 데 도움을 얻을 수 있습니다.

- **선행 학습**
  - 애너그램 : 애너그램은 단어나 문장을 구성하고 있는 문자의 순서를 바꾸어 다른 단어나 문장을 만드는 놀이입니다.
  - 해석학 : 미적분학으로부터 발전한 수학의 한 분야입니다.
- **학습 방법**
  - 뉴턴은 물체의 운동에서 속도를 정의하기 위해서 미분법을 발견하였고 이와는 별도로 라이프니츠는 곡선의 접선 또는 극대·극소를 알기 위한 수단으로 미분을 발견하였습니다.
  - 기본적으로 뉴턴의 접근은 기하학적이고 라이프니츠의 접근은 대수적이었습니다. 이는 곧 그들의 미분에 대한 사고가 각기 달랐다는 것을 말합니다.

뉴턴을 소개합니다
Sir Issac Newton(1642~1727)

"플라톤과 아리스토텔레스는 나의 친구다. 하지만 나의 가장 친한 친구는 진리다." 뉴턴이 자신이 쓴 책에 적은 문구입니다.

뉴턴은 17세기 과학 혁명의 상징적인 인물입니다. 그는 선배 학자들에게서 배웠고, 그들이 이룩한 업적을 바탕으로 학문을 연구해 나갔습니다. 뉴턴 이전 학자들이 그의 학문에 커다란 영향을 미쳤다고 볼 수 있지요. 하지만 그는 무엇보다 진리를 믿었습니다. 진리란, 스스로의 노력 없이는 결코 얻을 수 없는 것입니다. 제아무리 훌륭한 선배들이 있다 하더라도 그것을 배우기만 해서는 결코 그들을 뛰어넘을 수 없습니다.

뉴턴과 같은 대학자에게도 스스로와 싸우는 시간이 필요했습니다. 그 시간을 견디고 나서야 그는 드디어 선배 거인들의 어깨 위에서 당당히 자신의 목소리를 낼 수 있었던 것이지요.

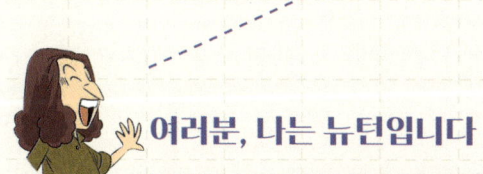
여러분, 나는 뉴턴입니다

 우리는 《뉴턴이 들려주는 미분 1 이야기》에서 미분이란 어떤 것인가부터 실생활에서 이용되는 미분, 나아가 미분의 풀이에 이르기까지 다양한 방법으로 미분에 대해 배워 보았습니다. 전기 자동차와 과속 무인 카메라 등 생활에서 활용되는 미분의 모습이 매우 다양하다는 것도 알 수 있었습니다. 그리고 수학이 책과 시험지 속에만 갇혀 있는 것이 아니라, 우리 생활에서 뗄 수 없는 가까운 곳에 있었다는 것을 알게 되었습니다.

 아직도 많은 학생은 '미분' 하면 머리부터 지끈지끈 아파 오고, 마음이 갑갑해진다고 합니다. 아마 미분, 곧 수학에 대한 선입견과 좀 더 쉽고 제대로 된 학습서를 만나지 못했기 때문일 것입니다. 하지만《뉴턴이 들려주는 미분 1 이야기》를 읽은 여러분은 미분이 그리 어렵지만은 않다는 사실과 수학이라는 과목도 재밌게 학습할 수 있는 방법이 있다는 것을 알게 되었으리라 믿습니다. 우리는《미분 1 이야기》를 바탕으로 한 단계 더 나아간 미분 학습,《미분 2 이야기》를 배워 볼 것입니다. 혹시《미분 1 이야기》를 모두 이해하지 못했다고 해서《미분 2 이야기》학습에 앞서 절대 주눅 들 필요는 없습니다. 다른 과목보다 수학은 반복 학습이 중요한 과목입니다. 한 번에 모든 것을 알려고 하지 마세요. 그리고 잊어버리는 것에 대해 스트레스받지 마세요. 학습도 어떤 면에서는 훈련과 같습니다. 우리가 하루 종일 아령을 든다고 해서 절대 며칠 만에 근육맨이 될 수는 없습니다. 공부도 마찬가지로 괜히 머리에 알만 생길 뿐입니다. 긴장 푸세요.

　자, 그런 의미에서 지난 시간에 배운 것 중에서 가장 중요한 것부터 복습에 들어가 봅시다. 선생님의 이름이 뭐였죠? 네, 내 이름은 뉴턴입니다. 그런데 내 이름이 가진 뜻이 무엇인지 아는 학생 있나요?

　뉴new는 영어로 '새롭다'라는 뜻입니다. 그리고 턴turn은 '회

전시키다, 기회, 뒤엎다'라는 뜻을 가지고 있지요. 물론 내 이름은 Newton이지만 여기서는 그 의미에 중점을 두고 한국식 발음을 전제로 생각합시다. 다소 억지스럽더라도 나는 내 이름이 가진 의미를 '새로운 전복' 혹은 '새로운 기회'라고 생각하고 싶네요. 내가 사과나무 아래서 떨어지는 사과를 보며 만유인력을 발견하게 된 것처럼 우리 눈에 너무나 당연해 보이고, 일상적인 것들도 그 안에 무수한 의미를 내포하고 있는 경우가 많습니다. 나는 여러분이 또 다른 뉴턴이 되었으면 합니다. 미분에서, 수학에서 여러분만의 만유인력을 발견하기 바랍니다. 그리고 그 분야에 있어서 또 하나의 거인이 되기 바랍니다.

'On the shoulders of giants.'

거인들의 어깨 위에 앉은 내 어깨 위에 이제 여러분을 초대합니다.

그리고 나는 《미분 1 이야기》에서와 마찬가지로 이번 책에서도 나를 도와줄 미분 도우미 쥐선이를 잠에서 깨웁니다.

"누가 낮잠 자는 사자의 귀때기를 땡겨 깨우는 거야?"

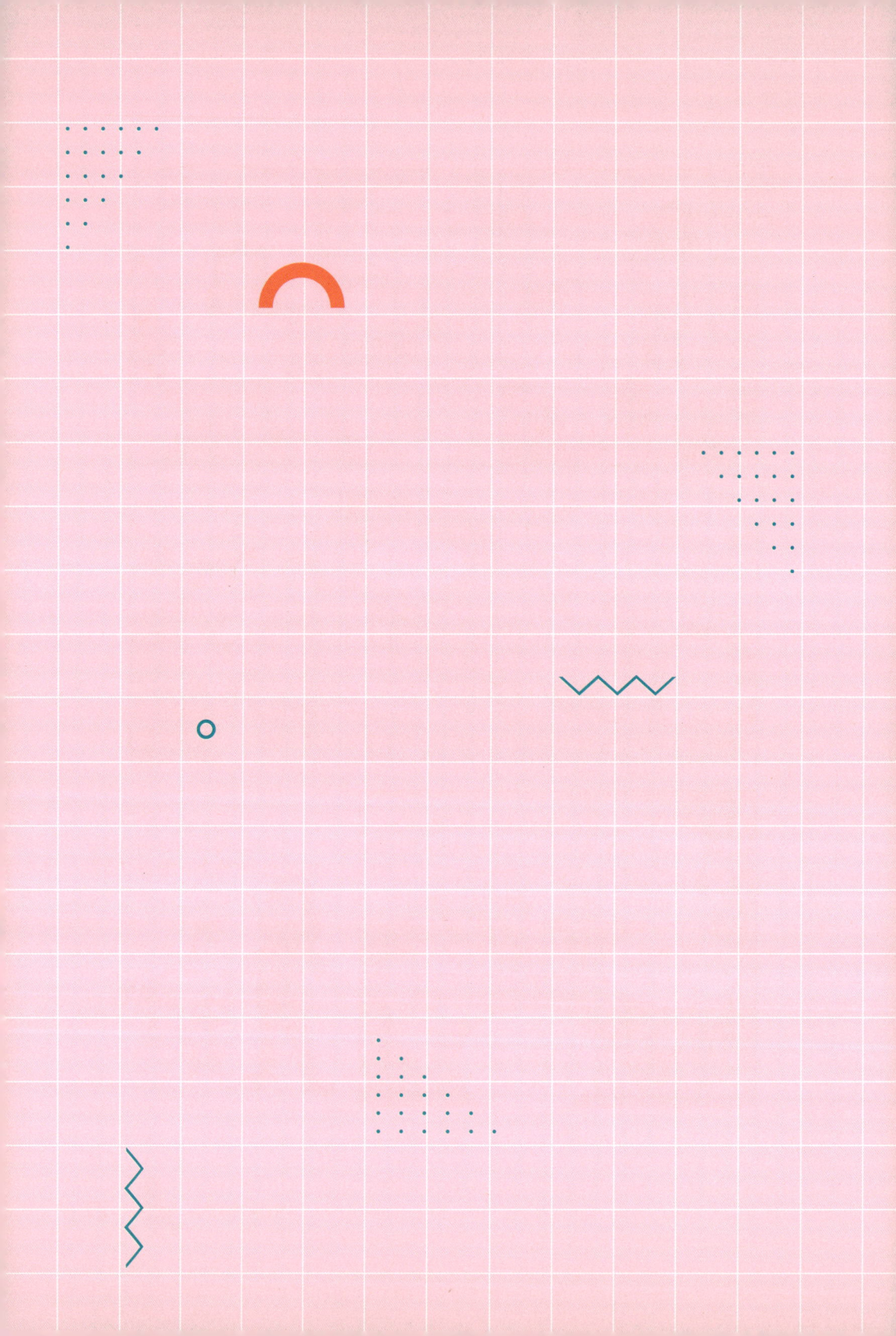

1교시

미분의 역사

미분의 역사를 한눈에 꿰어 봅니다.

수업 목표

미분의 역사와 관련된 수학자들을 알아봅니다.

미리 알면 좋아요

1. **아르키메데스** 고대 그리스 자연 과학자입니다. 원圓·구球 등의 구적법, 지레의 원리, 아르키메데스의 원리 등을 발견하였습니다. 저서에 《구와 원기둥에 대하여》, 《평면의 평형에 대하여》, 《포물선의 구적》, 《방법》 등이 있습니다.

2. **페르마** 근대 정수론의 창시자라고도 불립니다. 페르마는 데카르트와 함께 17세기 중반 수학을 이끈 사람으로, 해석기하학의 기본 원리를 발견했습니다. 그는 곡선의 접선과 극대·극소점을 찾는 방법을 만들어 미분학 창시자로 간주되어 왔으며 파스칼과 편지 왕래로 확률론의 공동 창시자가 되었습니다.

3. **오일러** 순수 수학의 창시자 중 한 사람입니다. 기하학, 미적분학, 역학 그리고 정수론 형성에 결정적인 기여를 했을 뿐만 아니라 관측 천문학적인 문제를 푸는 방법을 개발했으며 과학 기술 및 공공 업무에 수학을 유용하게 적용할 수 있음을 보여 주었습니다.

4. **라그랑주** 정수론과 해석 역학, 천체 역학에 크게 기여하였습니다. 그의 가장 중요한 저서인 《해석 역학Mcanique analytique》1788은 나중에 이 분야의 모든 연구에 기본이 된 최초의 교본입니다.

5. **코시** 해석학과 치환군한 집합의 순서 수열들을 원소로 하는 군을 개척한 근대의 가장 위대한 수학자 중 한 사람입니다.

뉴턴의 첫 번째 수업

오늘은 미분의 역사에 대해 알아보겠습니다. 미분의 역사를 배움으로써 감추어졌던 미분의 모습을 낱낱이 파헤쳐 봅시다. 자고로 역사를 바로 알아야 나라가 바로 선다는 말이 있습니다. 우리도 미분의 역사를 바로 알아야 미분을 바로 이해할 수 있습니다.

미분은 영어로 differentiation이라고 합니다. 그렇다면 이 '미분'이라는 단어는 어디서 유래한 것일까요?

그러자 쥐선이는 내가 시킨 일은 마치 넓은 모래사장에서 바늘을 찾으라는 것과 같다고 말합니다. 맞습니다. 모래사장에서 바늘 찾기와 같은 일일 수도 있습니다. 하지만 그렇다고 포기하기는 이릅니다. 모래사장에서 바늘을 잃어버렸다면 그 바늘을 잃어버린 근처에서부터 찾으면 될 것입니다. 자, 저기 있는 두꺼운 영어 사전을 가져 오세요. difference라는 단어가 제일 먼저 눈에 띄네요. 이 단어는 differentiation과 비슷하게 생겼습니다. 자, 여기서부터 잘 기억해 둡시다. 이 difference는 '차이'라는 뜻을 가지고 있습니다. 미분과 차이라? 아직까지는 그 뜻이 잘 연결되지 않습니다. 자, 그럼 다음과 같은 문장을 적어 볼까요?

수학에서 미분은 어떠한 양이 변화하는 속도를 말한다. 그런 면에서 미분한다는 것은 두 양의 차이를 구한 다음 이들의 차의 몫을 구하여 극한을 취하는 것이다.

우리가 미분을 계산하기 위해서는 반드시 주어진 양들의 차이를 알고 있어야 합니다. 어떤 양들의 차이를 극한으로 몰아

가는 것이 바로 미분이기 때문입니다. 그래서 미분differentiation 이라는 말이 차이difference라는 단어로부터 유래되었다고 생각할 수 있습니다.

그런데 여기서 극한으로 몰아간다는 말이 의미하는 것은 무엇일까요? 그건 바로 두 양의 간격을 점점 좁혀 나간다는 뜻입

니다. 이 간격을 다른 말로는 차이라고 볼 수 있습니다. 간격, 즉 차이를 거의 없게 만들어 버린 결과를 바로 미분이라고 합니다. 그래서 나는 가끔씩 미분이란 '미'세한 '분'말의 줄임말이 아닐까 생각해 보기도 합니다. 하하하, 밀가루처럼 말입니다. 밀가루도 미음으로 시작되고 미분도 미음으로 시작되는 것이 좀 닮아 있지 않습니까? 여하튼 미분은 미세한 극한의 결과입니다.

미분법은 곡선에 접선을 그리는 문제와 함수의 극대·극솟값을 구하는 데서 유래되었다는 주장이 있습니다. 이 같은 주장은 미분의 역사를 고대 그리스까지 끌어 올립니다 하지만 미분법을 최초로 명확하게 예상한 것은 1629년의 페르마의 극댓값과 극솟값을 구하는 방법부터였습니다. 이 사실을 바탕으로 우리는 지금부터 바로 이 페르마 선생님을 시작으로 미분의 역사에 대해서 들어 보도록 할 것입니다. 자, 페르마 선생님!

"안녕하세요. 나는 수학자 페르마입니다. 나는 논문〈극대·극솟값을 구하는 방법〉에서 다항식의 곡선을 나타내는 함수 $y=f(x)$의 극댓값과 극솟값을 찾아내는 방법을 설명하였습니다. 즉, '극대·극솟값의 양측에서 아주 가까운 함숫값은 같아야 한다.'는 케플러Kepler의 원리를 이용한 것이지요. 현재 여러분이 극댓값과 극솟값을 구할 때 함수 $f(x)$의 도함수를 0으로 놓고 구하는 방법, 즉 $\lim_{h \to 0} \frac{f(x+h)-f(x)}{h} = 0$을 만족하는 x를 구하는 방법과 같은 것입니다. 이와 같은 이유로 $f'(x)=0$을 이용하여 극값을 구하는 방법을 '페르마의 방법'이라 부르기도 한답니다."

페르마에 대해서 조금 더 알려 주도록 하겠습니다. 페르마는 프랑스의 재판관이자 수학자였습니다. 그의 미분 연구는 나보다 앞섰습니다. 하지만 끝내 완성하지 못했지요. 그리고 그는 '페르마의 마지막 정리'라는 것을 남겼답니다. 어찌 보면 그는 매우 무책임한(?) 수학자라고 볼 수도 있습니다. 그는 한때 어떤 어려운 수학 문제를 풀고 그 풀이 방법에 대해서는 기록할 자리가 없다는 이유로 따로 적어 두지 않았답니다. 문제는 그때부터 시작되었습니다. 많은 수학자가 그 문제의 풀이를 알아내기 위해 수많은 노력을 기울였지만 풀이 방법은 오래도록 밝혀지지 않았답니다. 무려 350년이나 지났는데도 말입니다. 하지만 결국 영국 수학자 앤드루 와일스라는 사람에 의해 페르마의 마지막 정리는 증명됩니다. 그러나 그 풀이 과정은 엄청나게 길기 때문에 우리 학생들이 이해하기는 쉽지 않을 것입니다. 물론, '페르마의 마지막 정리'가 진짜로 페르마 스스로 만든 것인지에 대해서는 의문으로 남지만 죽은 자는 말이 없습니다.

아, 여기서 나의 스승님 한 분을 모셔 보겠습니다. 스승님! 나와 주세요.

"안녕하세요. 나는 케임브리지 대학에서 기하학 교수를 역임한 배로Barrow라는 수학자입니다. 나는 뉴턴이 광학과 자연과학에 흥미를 가지고 2년간 독학할 수 있도록 도움을 주었답니다. 나에게 있어 가장 중요한 수학적 업적은 《기하학 강의 Lectiones opticae et geometricae》인데, 이 책에는 요즘 학생들이 교과서에서 배우는 현대 미분 과정과 매우 비슷한 접근 방법이 나옵니다. 나는 미분법과 적분법이 일반적으로 역연산이라는 사실을 깨달은 최초의 사람으로 알려져 있으며 이와 같은 내용을 저작에서 소개하고 증명했습니다."

배로라는 수학자 이후 미분법을 체계화한 사람이 바로 나, 뉴턴과 나와 동시대에 살았던 라이프니츠라는 수학자입니다. 나는 곡선이 점의 연속적인 운동으로 인해 생성되는 흔적이라고 생각했습니다. 점들이 모여 선을 이룬다는 고대 수학에 바탕을 둔 생각이었죠. 그래서 지금 미분에서 쓰이는 $\frac{dy}{dx}$ 디와이, 디엑스라고 읽습니다.에 해당하는 내용을 생각했답니다. 이에 뒤질세라 라이프니츠는 미분을 기하학적인 접선을 매개로 정의하여 고안해 내면서 미분, 미분법, 함수, 좌표, 미분방정식 등의 용어를 사용하였습니다. 물론 그는 착한 종교인으로서 사용료를 받지는 않았습니다. 하하하.

 우리 두 사람을 기점으로 미분은 더욱 발전하게 됩니다. 그리고 18세기에 이르러서는 아주 새롭고 강력한 미적분학이 등장합니다. 미적분학은 미분과 적분의 황홀한 만남으로 수학의 미네랄이 듬뿍 담긴 학문입니다. 이런 수학적 미네랄이 듬뿍 담긴 18세기의 강력한 미분은 오일러와 라그랑주에 의해 개발되었습니다.

 오일러와 라그랑주 선생님을 불러 직접 이야기를 들어 보도록 하죠.

 "안녕하세요. 수학자 오일러입니다. 나는 1748년에 이전 수학자들의 발견을 조사해 그 증명들을 잘 다듬고 조직적으로 정리해 이전에 나온 대부분의 저술을 찾아볼 필요가 없도록 한 《무한소 해석Introductio in Analysin Infinitorum》이라는 책을 썼습니다. 그리고 나는 이 책에 이어 1755년에 미분학을 다룬 또 다른 책을 출판했고, 1768~1774년 사이에는 적분학을 다룬 세 권의 책을 출판함으로써 오늘날 해석학이 발전되어 온 전체적인 방향을 설정하기도 했습니다."

 "하하하, 역시 수학자들은 모두 똑똑합니다. 안녕하세요, 수학자 라그랑주입니다. 나는 해석학의 기초가 불만족스러움을 깨닫고 미적분학을 엄밀하게 한 최초의 수학자로 후세 수학 연구에 매우 큰 영향을 끼쳤다는 평가를 받고 있습니다. 나는 그 작업을 〈미분의 원리를 포함하는 해석함수론〉에서 시도하였으나 아쉽게도 성공하지는 못했죠. 하지만 지금 여러분이 사용하는 기호인 $f'(x)$, $f''(x)$……는 바로 내가 만든 것이에요."

18세기의 대부분을 미적분을 활용하는 데 즐거움을 느꼈던 수학자들이지만 그들도 그 근간이 되는 원리에 대해서는 미처 따져 보지 못했답니다. 외부의 비난과 함께 수학계 내부에서의 관심 고조에 따라 어떻게든 이 문제를 해결해야만 하는 처지가 되었습니다. 그리하여 사고의 정밀함과 까다로운 이해가 요구되는 심도 있는 내용임에도 수학자들은 그것을 조금씩 정복해 나가게 됩니다.

이제 미분은 19세기로 접어듭니다. 19세기에는 코시라는 기라성 같은 스타 수학자가 등장하여 라그랑주의 뒤를 이어 더욱 더 개선되고 수준 높은 미분을 만들어 냅니다.

"안녕하세요. 코시입니다. 저기 《코시가 들려주는 연속함수 이야기》 시간에 만났던 친구들도 보이네요. 나는 극한을 미적분학의 기초로 이론적 근거를 부여하였습니다. 미적분학은 이러한 극한 방법을 사용하여 상당한 발전을 이루었습니다. 이전의 수학자들이 주로 기하학적이고 직관적인 측면에 의존했던 것과 달리 나는 도형에 전혀 의지하지 않고 산술적인 형태로 극한에 대한 정의를 제시하였지요. 또한 철저한 이론 정비 작업을 하였는데 변수, 상수, 극한값 등을 정의하고 이것을 바탕으로 도함수, 정적분을 정의하여 평균값의 정리를 거쳐 미적분학의 기본 정리를 중심으로 미적분의 체계를 이루었답니다. 에헴. 여러 가지 새로운 단어가 어색하겠지만 앞으로 뉴턴 선생님이 잘 설명해 줄 것이라 생각해요."

코시 선생님 얘기 잘 들었나요? 방금 설명을 마친 코시가 바로 함수 $f(x)$의 도함수를 $\Delta x \to 0$일 때, $\dfrac{\Delta y}{\Delta x} = \dfrac{f(x+\Delta x) - f(x)}{\Delta x}$의 극한으로 정의한 장본인입니다. 이후 미분적분학은 발전에 발전을 거듭하여 오늘날에는 해석학이라는 학문으로 발전하게 되었습니다. 이 해석학의 최대 무기는 바로 미지의 함수를 구하기 위한 미분방정식입니다. 현대 수학의 여러 분야를 통틀어도 미래를 예측하는 데 미적분학을 따를 것이 없습니다. 이처럼 미적분학이 현대 수학에서 차지하는 비중은 크다고 볼 수 있습니다.

수업정리

❶ 미분법은 곡선에 접선을 그리는 문제와 함수의 극대·극솟값을 구하는 데서 유래되었다고 전해집니다. 그 출발이 고대 그리스까지 거슬러 올라간다 하더라도 미분법을 최초로 명확하게 예상한 것은 1629년 페르마의 극댓값과 극솟값을 구하는 방법부터였다고 보고 있습니다.

❷ 라이프니츠는 미분을 기하학적인 접선을 매개로 정의하여 이를 고안해 내면서 미분, 미분법, 함수, 좌표, 미분방정식 등의 용어를 사용하였습니다.

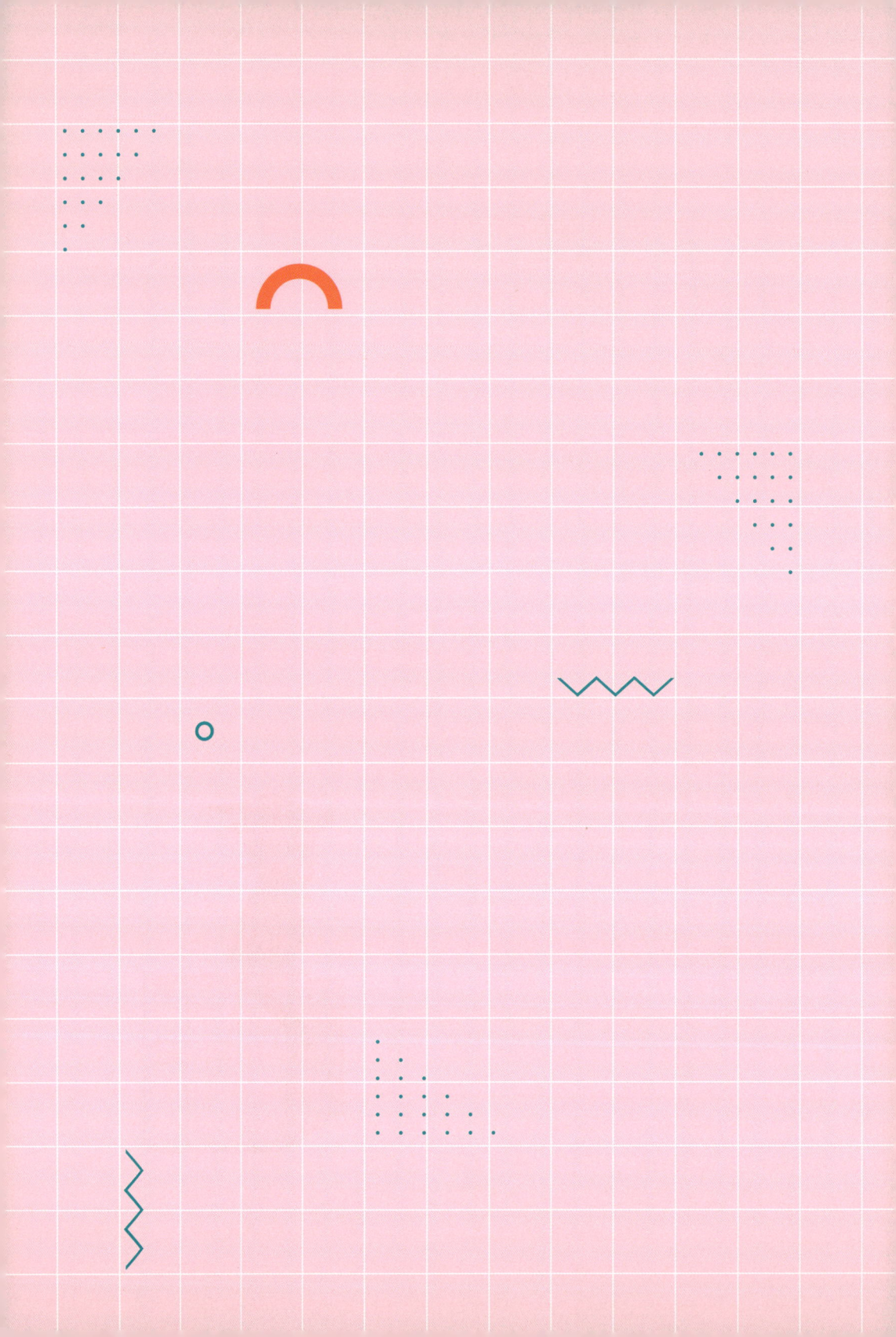

2교시

미분의 이모저모

접점과 접선의 의미와 미분이 실생활에서 활용되는 예를 배워 봅니다.

수업 목표

미분에 관한 재미있는 에피소드를 알아봅니다.

미리 알면 좋아요

1. **접선** 일변수함수_{변수가 하나인 함수} $y=f(x)$의 곡선과 한 점에서 만나는 직선을 말합니다.

2. **적분** 어떤 구간에 대한 함수의 그래프가 이루는 면적에 해당하는 값_{정적분} 또는 미분하면 원래 함수가 되는 새로운 함수_{부정적분}를 말합니다.

3. **미분가능** 변수 x값의 변화량에 대한 함수 $f(x)$의 변화량의 비가 한없이 일정한 값에 가까워지는 것을 말합니다.

4. **연속** 함수 $f(x)$에서 마음대로 정한 오차 E에 대하여 a에 적당히 가까이 있는 모든 점 x의 함숫값이 언제나 $f(a)$에서 이미 정한 오차 E보다 가까이 있는 성질을 말합니다.

5. **불연속** 이어져 있지 않고 중간중간 끊어져 있는 상태를 말합니다.

6. **이차함수** 함수를 나타내는 식이 이차식인 함수를 말하며, $y=ax^2+bx+c$(단, $a\neq 0$)의 꼴을 가집니다.

뉴턴의
두 번째 수업

자, 지금부터 두 번째 수업을 시작하겠습니다.

적분이 등장하고 약 2000년이 지난 후 접선에 관한 문제를 풀기 위한 도구로 미분이 등장했습니다. 미분은 주로 곡선을 상대합니다. 미분은 곡선 위의 한 점을 파고들어 접선의 기울기를 만드는 힘을 가지고 있습니다. 어찌 보면 곡선의 접선을 구하는 것은 매우 단순한 일처럼 보입니다. 하지만 이 단순해 보이는 기술이 과학의 여러 분야에서는 빠짐없이 응용되고 있습니다. 기하학이 등장하는 모든 곳에 미분의 접선에 대한 열망은 여지없이 능력을 발휘하고 있으니 말입니다. 그럼 그 강력하다는 접선이란 무엇일까요? 그림으로 그려 보도록 하겠습니다. 여기 사용되는 도구는 원과 시원하게 뻗은 직선입니다.

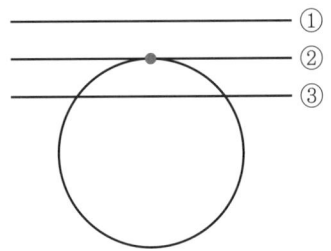

그림에서 ①번 직선은 원곡선과 만나지 않습니다. 그러므로 접점이라는 것도 있을 수 없습니다. 둘의 관계는 남남 같습니다.

다음으로 ③번 직선을 살펴보도록 하죠. ③번 직선은 원과 만나고 있습니다. 그것도 두 번씩이나 만나고 있습니다. 그래서 우리는 이런 직선을 접선이라고 부르지 않습니다. 이런 경우는 할선이라고 부릅니다.

자, 그럼 우리를 그토록 기다리게 했던 ②번 직선을 만나 보도록 하죠. 우선 직선과 원이 한 점에서 만난다는 것에 주목합시다. 하나의 점처럼 그들의 만남은 한 곳에 집중됩니다. 분명 그들은 한 점에서 만나고 있습니다.

그 만남은 순간적으로 점을 이룹니다. 그럴 때 우리는 만남이 이루어지는 점을 접점이라고 부르고, 직선은 접선이라 부릅니다.

하지만 다음과 같은 경우도 있답니다.

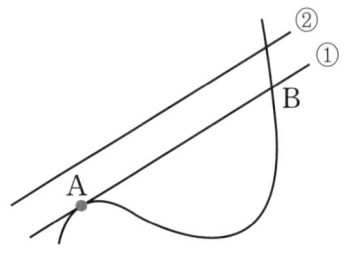

그림에서 ①번 직선의 경우, 점 A에 대해서는 접선이지만, 점 B에 대해서는 ②번 직선과 마찬가지로 접선이 아닙니다. 그러므로 ①번 직선은 점 A에 대해서만 접선입니다.

접선에 대한 현대적 정의는 페르마에 의해 내려집니다. 그것은 대략 1630년경입니다. 자, 그림을 하나 보여 주겠습니다.

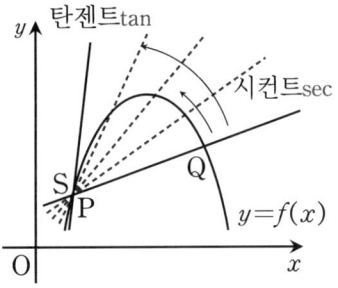

볼록하게 튀어 나온 곡선 $y=f(x)$와 이 곡선 위에 압정으로 박은 듯한 점 P를 봅시다. 그리고 볼록한 곡선 위의 두 번째 점

Q를 봅시다. 앞에서 이야기했듯이 직선 PQ는 곡선을 가르는 할선입니다. 이 할선을 들어 올려 점 Q가 곡선을 따라 점차 점 P로 다가가면서 점 P에 대한 접선을 만들게 됩니다.

페르마의 이러한 아이디어 하나가 물리학의 속도와 가속도 개념에 엄청난 발전을 가져옵니다. 누군가의 상상력으로 들어 올린 선 하나가 물리학의 엄청난 발전을 도왔습니다.

수학과 물리학에서 탄탄히 제자리를 잡아 가기 시작한 미분은 곧 다른 분야로 진출하기 시작합니다. 화학에서 두 물질의 화학 반응률이나 기체의 압축률을 구하는 데 미분이 이용됩니다. 그리고 생물학에서는 인간의 몸속에 흐르는 혈액의 속도와 혈압 등을 미분을 이용해 표현하고 있습니다.

세상은 돈으로 움직인다고 합니다. 그 돈을 움직이는 경제학에도 미분은 살아 숨 쉬고 있습니다. 어떤 상품의 한계비용, 수요함수, 이익함수의 최대와 최소를 구하는 문제에도 반드시 미분이 활용됩니다.

변화율을 다루는 모든 과학은 미분에서 절대적인 도움을 얻는다고 해도 과언이 아닙니다. 지리학자, 기상학자, 심리학자는 모두 미분을 사용하여 그들의 학문에 힘을 주고 있습니다. 쥐

선이는 미분의 활약에 대단히 놀랍니다. 미분의 출연을 출연료로 계산한다면 엄청난 수입을 벌어들일 것이라고 합니다.

프랑스 수학자 푸리에는 "수학은 가능한 한 여러 가지 현상을 비교하여 그들 사이에 존재하는 유사성을 발견한다."라고 말했습니다. 푸리에의 말처럼 우리는 이제 미분에 대한 생각의 폭을 조금 더 넓혀 보도록 하겠습니다.

우리는 앞에서 접선과 '유사품 접선'을 살펴보았습니다. 지금부터는 미분가능한 곡선에 대해 알아보도록 할 것입니다. 미분이 가능하기 위한 조건을 살펴보도록 합시다.

미분가능한 함수의 그래프는 어떤 모습일까요? 미분에서 빠질 수 없는 오래된 친구가 바로 함수입니다. 우리는 함수의 도움을 받아 미분가능하지 않은 경우를 먼저 살펴보기로 하겠습니다.

그런데 어디선가 우리 쥐선이가 동양화가 선생님 한 분을 모시고 왔습니다. 쥐선이와 나는 그 선생님이 그린 난초화를 감상하고 있습니다. 그림의 난초는 쭉 뻗은 잎이 매우 섬세합니다. 간혹 꺾어지는 잎에서 절묘함이 느껴지기도 합니다. 이런 분이라면 분명 우리에게 미분가능한 곡선과 그렇지 않은 곡선을 섬세하게 잘 그려 줄 수 있으리라 봅니다. 우리 수업에서 곡선의 중요성은 두말할 나위가 없습니다.

먼저 미분가능하지 않은 선을 알아보도록 합니다. 이때 동양화가 선생님이 크게 호흡을 가다듬고 화선지 위에 곡선을 그리기 시작합니다. 그리고 어느 정도 그어 내려가다가 다시 붓을 뗍니다. 잠시 멈춘 후 다시 선을 쭉 긋습니다.

그는 눈빛으로 우리에게 말합니다.

'이게 바로 불연속입니다.'

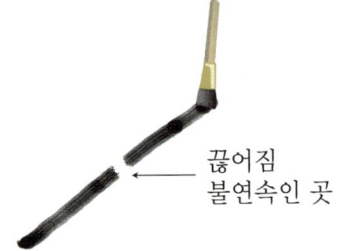
← 끊어짐
불연속인 곳

그런데 우리는 여기서 몇 가지를 꼭 짚고 넘어가야 합니다. 먼저 '함수 $f(x)$가 $x=a$에서 미분가능하면 $x=a$에서 연속'이라는 사실을 기억합시다. 아직 자세히는 모른다 하더라도 이 말은 꼭 기억해 두도록 하세요. 그리고 '대우'라는 말도 알고 있어야 합니다. 여기서 말하는 대우란 한마디로 '앞에서 말한 것을 부정하여 뒤집은 것'이라고 할 수 있습니다. 가령, 이런 것입니다. 명제 '이등변삼각형은 정삼각형이다.'의 대우는 '정삼각형이 아니면 이등변삼각형이 아니다.'입니다. 명제가 참이라면 그 명제의 대우도 항상 참입니다. 따라서 참인 명제를 알고 있다면, 그것의 대우를 구하여 또 하나의 참인 정보를 얻게 되는 것이지요. 그러므로 참인 명제 '함수 $f(x)$가 $x=a$에서 미분가능하면 $x=a$에서 연속'의 대우를 구해 보면, '함수 $f(x)$가 $x=a$에서 불연속이면 $x=a$에서 미분가능하지 않다.'가 됩니다.

자, 그렇다면 불연속이라는 말은 무슨 뜻일까요? 불연속은 쭉 이어지지 않고 끊어져 있다는 뜻입니다. 단순하게 기억해 두도록 합시다.

'곡선이 끊어지면 일반적으로 미분가능하지 않다.'

동양화가도 내 말에 공감한다는 듯 말없이 고개만 끄덕입니다. 그리고 다시 붓을 잡습니다. 자, 과연 어떤 그림을 그릴지 궁금합니다.

'이 그림들은 모두 미분가능하지 않는 그림입니다.'

그렇다면 이 그림들은 어떤 특징 때문에 미분가능하지 않을까요? 쥐선이는 아무리 봐도 모르겠다고 합니다. 여러분은 알 수 있습니까?

앞에 있는 그림은 모두 연속이지만 꺾여 있거나 끊어져 있기 때문에 미분가능하지 않습니다. 함수 $y=|x|$의 그래프에서 볼 수 있듯이 연속이라 하더라도 그래프가 $x=0$에서와 같이 꺾여 있으면 그 지점에는 미분계수가 없으므로 미분가능하지 않습니다.

혹시 내가 하고 있는 이 설명이 어렵게 느껴지는 학생들은 이 말만 꼭 기억하세요.

'꺾여 있거나 끊어져 있으면 미분가능하지 않다.'

그렇다면 어떤 모양의 그래프가 미분가능한 그래프일까요?

자, 이 그림은 아까 그 동양화가가 그린 난초입니다. 여러분은 이 화가의 의도를 그림을 통해 느낄 수 있겠나요? 하하하, 역시 우리 쥐선이는 무슨 뚱딴지같은 소리냐며 잇몸을 드러내며 노여워하고 있네요.

미분가능한 그래프는 끊어지거나 꺾이지 않아 매끄럽게 연결된 그래프여야 합니다. 각각의 선을 하나의 그래프로 본다면 화가가 그려 놓은 그림에는 꺾이거나 끊어진 부분이 하나도 없습니다. 직선으로 쭉 뻗어 있습니다. 이런 상태가 바로 미분가능한 상태입니다.

수업을 조금만 더 하고 마치도록 하겠습니다.

미분은 함수의 극대와 극소를 찾는 데도 적용할 수 있습니다.

"선생님, 그런데 미분으로 함수의 극대와 극소를 찾아서 어디에 쓸 수 있나요?"

오랜만에 우리 쥐선이가 놀라운 질문을 했습니다. 어디에 쓸 수 있냐면, 놀이동산에서 즐겨 타는 롤러코스터를 만들 때 효과적으로 이용할 수 있습니다. 롤러코스터에도 함수가 적용되기 때문이죠. 롤러코스터 레일의 곡선 또한 이차함수 그래프라 할 수 있습니다. 바로 그 레일을 타고 내려올 때 중력 계산을 잘 해야 사고를 방지할 수 있습니다.

함수에서 극대와 극소는 증가에서 감소로, 감소에서 증가로 바뀌는 전환점이며, 최대 또는 최소가 될 수 있는 점입니다.

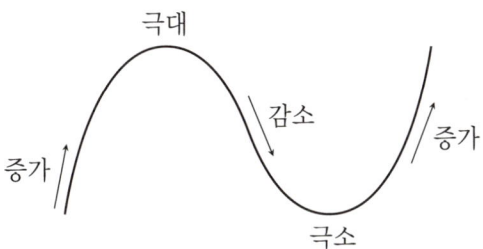

그림을 보며 롤러코스터를 생각해 봅시다. 롤러코스터가 레일의 제일 꼭대기에 있을 때 탑승자들의 긴장감은 최고조가 됩니다. 그러나 바닥으로 내려오면 긴장감은 최저가 되죠. 다시 롤러코스터가 경사면을 오르면 탑승자들의 긴장감도 서서히 증가합니다. 그림을 보면 쉽게 이해가 될 것입니다.

그런데 여기서 미분가능한 함수가 극대나 극소가 되는 지점의 미분계수는 0이라는 것을 꼭 기억하세요. 롤러코스터를 탈 때, 빠른 속도로 떨어지기 전에 잠시 멈춰 있는 지점이 바로 미분계수가 0이 되는 극대라고 생각하면 이해가 빠를 것입니다. 그리고 떨어지기 전뿐만 아니라 바닥에 있을 때, 즉 극소점에서도 미분계수는 0입니다.

그러나 $f'(x)=0$이 되는 x값이 반드시 극대나 극소가 되는 것은 아닙니다. 따라서 극대나 극소가 되는 x값은 도함수의 함숫값이 0이 되는 x값 중에서 찾아야 합니다.

수업 정리

❶ 수학자 푸리에는 "수학은 가능한 여러 가지 현상을 비교하여 보고 그들 사이에 존재하는 유사성을 발견한다."고 말했습니다.

❷ 함수 $f(x)$가 $x=a$에서 미분가능하면 $x=a$에서 연속임을 알고 있어야 합니다.

❸ 함수 $f(x)$가 $x=a$에서 불연속이면 $x=a$에서 미분가능하지 않음을 알 수 있습니다.

❹ 함수 $y=|x|$의 그래프에서 볼 수 있듯이 연속이더라도 그래프가 $x=0$에서와 같이 꺾여 있으면 그곳에서 미분계수가 없으므로 미분가능하지 않습니다.

❺ 함수에서 극대와 극소는 증가에서 감소로, 감소에서 증가로 바뀌는 전환점이며 최대나 최소가 될 수 있는 점입니다.

3교시

미분 근육 기르기

극한 개념을 학습하여 미분 근육을 길러 봅니다.

수업 목표

변화를 분석하는 미분에 대해 알아봅니다.

 미리 알면 좋아요

1. **선분** 양쪽에 끝나는 점이 있으며, 직선의 한 부분을 이룹니다. 무한한 길이를 가지는 직선, 반직선과 달리 길이를 잴 수 있습니다.

2. **반비례** 한쪽의 양이 커질 때 다른 한쪽 양이 그와 같은 비율로 작아지는 관계를 말합니다. 한쪽이 2배, 3배……와 같이 변할 때, 다른 쪽은 $\frac{1}{2}$배, $\frac{1}{3}$배 ……와 같이 역수로 비례하는 관계입니다.

3. **도함수** 함수 $f(x)$를 미분하여 얻은 함수입니다. $f(x)$의 미계수 또는 미분계수라고도 하며 y', $f'(x)$, $\frac{dy}{dx}$ 등으로 나타냅니다.

뉴턴의
세 번째 수업

 이번 시간은 일명 미분 근육 기르기 시간입니다. 미분 근육을 기르기 위해 미분에 대한 준비 체조부터 들어가도록 하겠습니다. 쥐선이는 체육복을 준비하라고 했더니 웬 몸뻬를 입고 나타났습니까? 정말 못 말립니다.

 "아이, 뉴턴 선생님은 아직 몸뻬의 편안함을 모르나 봐……."

 미분이란, 변화를 분석하는 것이라 할 수 있습니다. 쥐선이가 허리를 구부리고 펴는 행위 또한 미분으로 간주할 수 있습니다. 왜냐하면 쥐선이의 행동에 변화가 생겼기 때문입니다. 변화를 분석하는 것이 미분이라고 할 수 있습니다.

직선과 관련하여 미분을 살펴보면 미분한 결과는 기울기라고 할 수 있습니다. 기울기가 급할 수도 있고 완만할 수도 있습

니다. 직선을 미분하면 기울기를 구할 수 있지만 곡선도 미분하면 각 구간의 기울기를 알아낼 수 있습니다.

수학에서는 곡선 위의 점이 이동하고 있다고 봅니다. 그래서 한 점의 순간 변화를 '순간 기울기'라고 합니다. 순간 기울기란 곡선 위에 있는 각 점의 기울기입니다. 순간 기울기는 곧 한 점에서의 기울기라고 봐도 됩니다. 순간이라는 말은 주로 물리학이나 천문학에서 다룹니다. 순간 이동이라는 말이 있지요? 곡선의 각 순간 속도를 미분이라고 볼 수 있습니다. 미분은 변화를 감지하는 도구이므로 주가 변동을 감지하는 데도 이용할 수 있습니다.

자, 이제 곡선에서 두 점을 찍어 기울기를 찾는 방법을 알아보겠습니다. 이 운동은 점진적으로 해 나가야 합니다. 동작이 익숙해질 때까지 여러 번 반복된 동작을 해야만 합니다. 일단 곡선 위의 두 점을 잡아 연결해 봅시다.

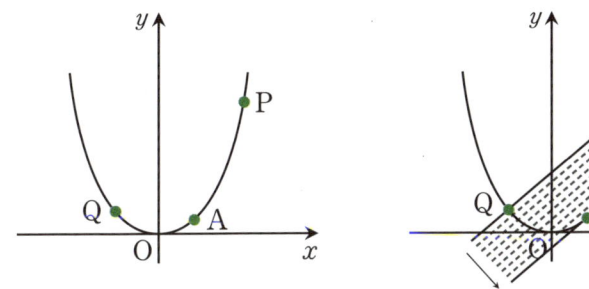

점 A를 중간에 두고 양쪽으로 점 P와 점 Q를 표시합니다. 그다음 자를 이용해 점 P와 점 Q를 연결합니다. 그리고 선분 PQ와 평행하게 A쪽으로 선분을 이동시켜 나갑니다. 조금씩 반복적으로 거리를 좁혀 가면 선분 PQ의 길이도 짧아집니다. 그러면 언젠가 선분은 점 A가 되는 순간이 옵니다. 바로 그 순간이 곡선에서 점 A의 접선이 됩니다.

미분 근육을 강화시키기 위한 단백질 요소로 극한이라는 것이 있습니다. 선분 PQ가 점 A로 변한다는 것은 사실 무한대라는 근육을 움직여야 가능한 것이거든요. 그래서 그 초인적인 근육을 사용하기 위해서 극한이라는 단백질 요소가 필요합니다. 극한이란 한마디로 한없이 가깝게 간다는 의미입니다. 수학자들은 극한을 $\lim$리미트라는 말을 써서 나타냅니다. 앞으로 이 리미트가 등장하면 극한이라는 개념을 떠올려야 할 것입니다. 리미트, 극한의 개념을 복근에 깊이 새겨 두세요. 미분 수업에 엄청난 도움을 줄 것입니다.

그럼 리미트라는 극한의 단백질이 효소 반응을 일으키는 것을 잠시 살펴보겠습니다. 분명히 말하지만 우리는 화학자가 아니므로 자세한 반응을 다루지는 않겠습니다. 간단한 반응식만 보기로 할 것입니다.

반응식을 봅니다.

$$\lim_{x \to 0} f(x)$$

정말 간단한 식입니다. 'x가 0으로 가까이 접근할 때 $f(x)$는 어떤 반응을 보일까요?'를 반응식으로 나타낸 것입니다. 이것마저도 복근에 새겨 두세요.

이처럼 미분 근육을 기르기 위해서는 극한의 단백질이 필요합니다. 그런데 이런 극한의 단백질에도 불량품이 있습니다. 무슨 말인가 하면 어느 쪽에서 접근하느냐에 따라 극한의 값이 달라지는 곤란한 경우가 있습니다. 혹시 반비례함수라는 말을 들어 본 적이 있나요?

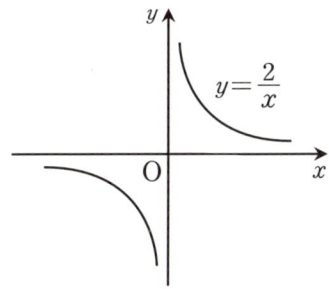

이 그래프가 나타내는 식은 $y=\dfrac{2}{x}$입니다. 그리는 방법이 궁금한 친구들도 있을 텐데요. 어렵지 않습니다.

먼저, x자리에 $-4, -3, -2, -1, 0, 1, 2, 3, 4$를 대입해 나온 y의 값들로 짝을 이루어 좌표평면에 점으로 표시합니다. 그리고 그 점들을 대충 이어 붙이면 위와 같은 그래프가 나옵니다. 사실 아무리 정확한 컴퓨터라도 100% 완벽하게 그래프를 그리지는 못합니다. 왜냐면 선은 '무수히' 많은 점으로 이루어졌으니까요. 그 말은 곧 무한대를 나타내어야 한다는 뜻이기도 합니다.

이때, 쥐선이가 지금은 극한에 대해 알아보고 있는데 왜 딴소리하냐며 항의합니다. 아 참, 내가 깜빡했습니다. $y=\dfrac{2}{x}$의 그래프에 극한을 한번 걸어 보도록 하겠습니다. 등장해 주세요. 리미트 알통! 볼록볼록!

$$\lim_{x \to 0} \frac{2}{x}$$

다시 그래프로 돌아갑니다.

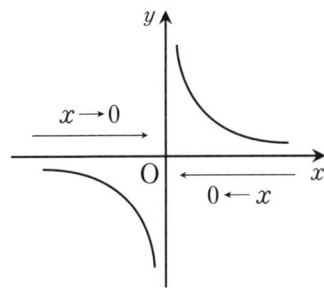

여기서 우리가 주목해야 할 것은 x가 0을 향해 달려가고 있다는 점입니다. 그런데 하나가 아닙니다. 0을 향해 달리는 녀석이 하나 더 있습니다. 오른쪽, 왼쪽에서 모두 0으로 가고 있습니다. 그런데 두 방향에서 0으로 달려가고 있다는 것은 문제 될 것이 없습니다. 다만 왼쪽에서 0으로 갈 때 y의 움직임이 문제입니다. x가 왼쪽에서 달려가면 y의 움직임은 아래로 무한대로 뻗어 갑니다.

x가 오른쪽에서 0으로 달려오면 y의 움직임은 위로 무한대로 뻗어 갑니다. 이 말은 곧 왼쪽에서 달려오면서 뒤에서는 좌극한이라는 이름을 들고 등장할 것입니다. 반대 경우는 우극한입니다. 생기는 결과와 오른쪽에서 달려오면서 생기는 결과가 다르다는 것입니다. 양쪽에서 달려온 결과가 다르면 우리는 극한값이 없다고 말합니다. 극한값이 없는 경우는 미분할 수 없습니다.

 이와 같은 경우는 아무리 해도 미분 근육이 길러지지 않습니다. 아무 운동이나 한다고 근육이 생기는 것이 아닙니다. 운동도 바른 자세로 바른 운동을 해야 올바른 근육이 생기듯 미분 근육도 올바른 경우에 생기는 것입니다.

미분 근육을 기르다 보면 도함수라는 근육이 등장합니다. 도함수라는 근육은 도대체 어떤 근육일까요? 함수라는 말이 들어간 것을 보니 x와도 연관이 있는 것 같습니다.

'미분한다.'라는 말은 '곧 도함수를 구한다.'라는 뜻입니다. 뒤에서 자세히 배우게 되겠지만 함수 $f(x)$의 도함수를 잠깐 살펴보도록 하겠습니다.

아래의 함수가 바로 도함수입니다.

$$\lim_{h \to 0} \frac{f(x+h)-f(x)}{h}$$

보다시피 이 함수는 아주 잘 발달된 상체 근육, 즉 분자를 가지고 있습니다. 하지만 하체 근육은 상대적으로 빈약합니다. 가뜩이나 빈약한 하체 h는 자꾸 0으로 가깝게 가고 있습니다. 말 그대로 도함수는 함수랑 관계있듯이 분자에 함수에 관한 기호 f가 두 군데나 있습니다. 여러분은 이 모습을 잘 기억하고 있어야 합니다. 왜냐면 다음 수업에서 많이 공부할 것이기 때문입니다.

함수 기호 f는 영어에서 함수를 뜻하는 단어 function의 머리글자에서 따왔습니다. $f(x)$가 함수인 것처럼 $f(x)$를 미분해서 얻은 도함수도 역시 함수입니다. 즉, 변수 x를 넣으면 그 값에 따라 기울기를 구할 수 있습니다. 지금은 모르겠지만 기울기는 미분을 이용하면 아주 쉽게 구할 수 있습니다. 그 분야의 일인자가 바로 도함수이기도 합니다.

이 도함수는 $f'(x)$라는 기호로 나타냅니다. 읽을 때는 '에프 프라임 엑스'라고 읽습니다. 도함수는 아주 관대한 녀석으로 다시 자신을 미분하는 것을 허용합니다. $f''(x)$로 말입니다. 이것은 두 번 미분하는 것을 의미합니다.

프라임 기호는 프랑스 수학자 라그랑주에 의해 고안되었습니다. 그는 엄청난 수학 근육의 소유자입니다. 마침 기호에 대한 이야기가 나왔으니 하는 말인데 미분 근육을 기르다 보면 만나게 되는 기호가 있습니다. 바로 $\dfrac{dy}{dx}$라는 기호인데요. 이 친구의 이름은 '디와이, 디엑스'라고 합니다. y를 x로 미분한다는 뜻입니다. d는 미분을 뜻하는 단어 differential의 머리글자입니다. 이 표기법이 의미하는 바는 분모에 있는 변수로 분자에 있는 함수를 미분한다는 뜻입니다. 하여튼 이 기호도 미분하는 근육이라고 알고 있으면 됩니다.

  자, 여러분! 수학 근육이 쑥쑥 커 가는 느낌이 듭니까? 자, 그럼 지금까지 길러진 미분 근육을 이용해 힘을 좀 써 볼까요? 하하하. 물론 지금 당장은 말고 다음 시간에 만나서 말입니다.

수업 정리

❶ 한 점의 순간 변화를 '순간 기울기'라고 할 수 있습니다. 순간 기울기란 곡선 위 각 점의 기울기입니다.

❷ 도함수는 다음과 같이 표현합니다.

$$f'(x) = \lim_{h \to 0} \frac{f(x+h) - f(x)}{h}$$

❸ $f(x)$가 함수인 것처럼 $f(x)$를 미분해서 얻은 도함수도 함수입니다. 즉, 변수 x를 넣으면 그 값에 따라 기울기를 구할 수 있습니다.

❹ $\dfrac{dy}{dx}$라는 기호에 대해서 알고 있어야 합니다. '디와이, 디엑스'라고 읽습니다. y를 x로 미분한다는 뜻입니다.

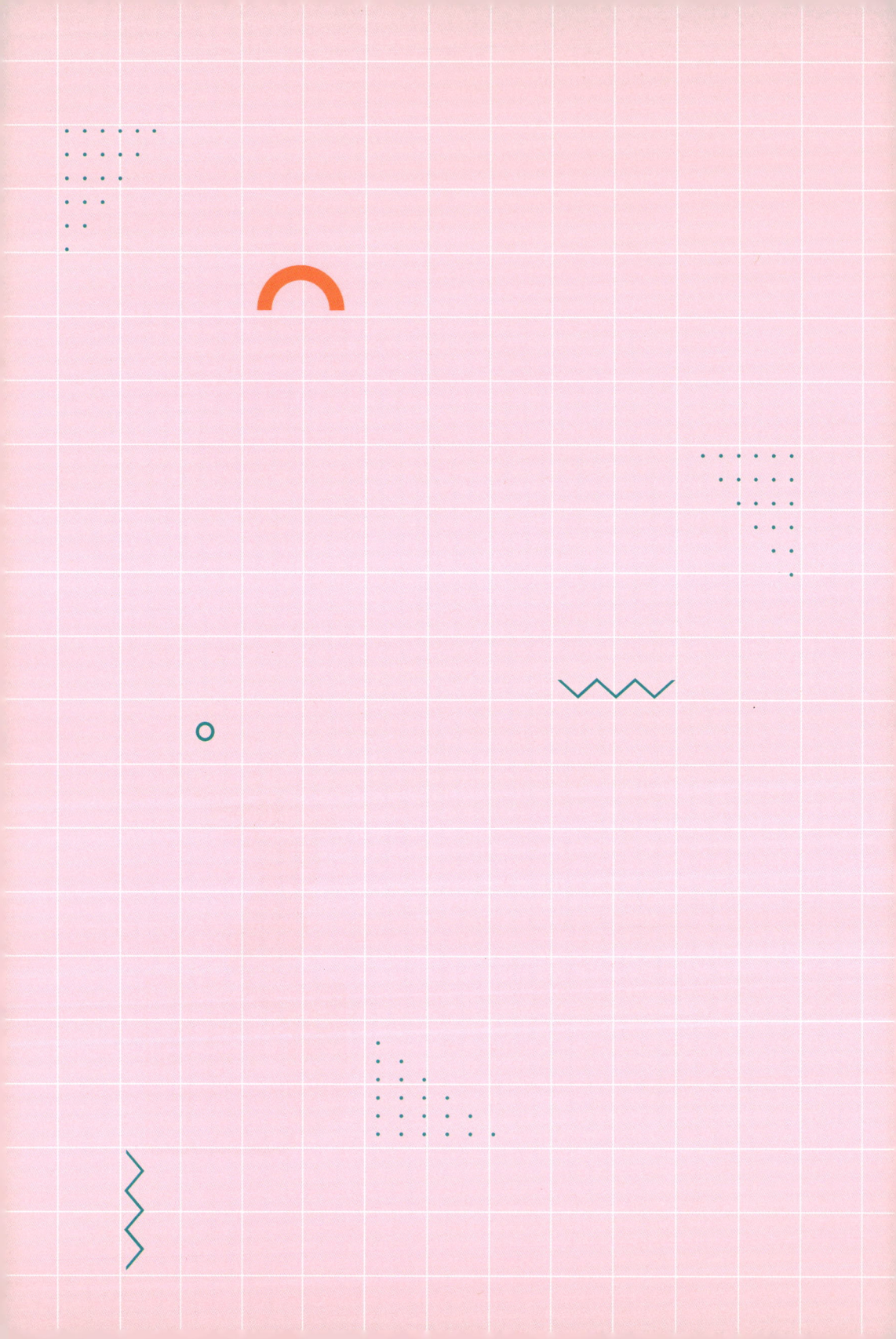

4교시

도함수

도함수가 무엇인지 알아봅니다.

수업 목표

도함수의 의미에 대해 알아봅니다.

 **미리 알면 좋아요**

1. **완전제곱식** 어떤 정식의 제곱으로 표현되는 식을 말합니다.

2. **정의역** x값들의 범위를 말합니다.

뉴턴의 네 번째 수업

나는 도함수의 의미를 깨치기 위해 쥐선이와 함께 산을 오르고 있습니다. 평소에 운동을 안 해서 그런지 경사가 급한 곳을 오를 때는 가슴이 약간 저립니다. 하지만 쥐선이는 거의 달리다시피 산을 오르고 있습니다. 정말 체력 하나는 끝내줍니다.

아주 쉽게 정상에 오른 쥐선이와 아주 힘들게 산을 오른 내가 한참 동안 숨을 고른 후, 바닥에 있는 나뭇가지 하나를 주워 그림을 그립니다. 바로 $y=f(x)$라는 그래프입니다.

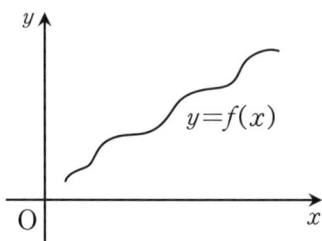

 등산을 시작한 후 출발 지점으로부터의 거리를 x라 하고, 산의 높이를 y로 두면 이 둘은 $y=f(x)$라는 함수로 나타낼 수 있습니다. 이때 산의 경사가 바로 미분계수입니다. 이 미분계수들을 전부 알 수 있게 해 주는 미분계수의 일반형이 또한 도함수입니다.

 그럼 이제부터 도함수를 공부하도록 하겠습니다. 앞에서 배운 미분계수의 정의를 생각해 보면 도함수는 미분계수를 일반화한 모양입니다. 따라서 미분계수에 대해 정확히 알고 있어야 도함수를 이해할 수 있습니다.

 도함수는 영어로 derivative function이라고 합니다. derivative는 '끌어낸'이라는 뜻입니다. 도함수의 '도'는 '유도된', '이끌어 낸' 등의 근원적이라는 뜻입니다. 자, 예를 들어 공부해 보도록 합시다. 함수 $f(x)=x^2$에서 $x=a$의 미분계수를 구해 보도록 하겠습니다. 우리는 앞에서 미분계수에 프라임이라는 인디언 깃털이 등장한다는 것을 배웠습니다. 기억이 안 난다고요? 하하. 괜찮습니다. 우리는 잘 잊어버리는 뇌를 가지고 태어났습니다. 그러니 실망할 필요는 없습니다. 우리가 배운 것을 모두 잊어버리지 않고 기억한다면 뇌는 약 20년 정도 사용하다 폭발해 버릴 수도 있다고 합니다. 수업 시간에 배운 것을 잊어버리는 것도 머리에 꼭 필요한 휴식 작용이라 생각하고 너무 의기소침해 있지 마세요.

자, 그럼 다시 프라임, 인디언 깃털을 봅시다. $f'(a)=2a$는 함수 $f(x)=x^2$의 $x=a$에서의 미분계수입니다.

$$f'(x)=\lim_{h\to 0}\frac{(a+h)^2-a^2}{h}=\lim_{h\to 0}\frac{2ah+h^2}{h}$$

여기서 잠깐! 우리가 배우는 책이나 학습서에는 h 대신에 Δx 델타엑스를 쓰기도 합니다. 우리는 여기서 h를 사용하도록 할 것입니다. Δx에 대해서는 조금 뒤에 살펴보도록 하고, 둘 다 같은 뜻이니 당황하지 마세요. 우선, 분자에 있는 $(a+h)^2-a^2$이

$2ah+h^2$으로 바뀌는 과정을 설명하도록 하겠습니다.

$(a+h)^2$이라는 완전제곱식을 전개하면 $a^2+2ah+h^2$이 됩니다. 그럼 이제 괄호가 없어진 자유로운 상태에서 동류항끼리 계산하면, $2ah+h^2$이 나옵니다.

그래서 $f'(x)=\lim\limits_{h\to 0}\dfrac{(a+h)^2-a^2}{h}=\lim\limits_{h\to 0}\dfrac{2ah+h^2}{h}$입니다.

여기서 다시 분수식을 약분하면 $\lim\limits_{h\to 0}(2a+h)$가 됩니다. 앞

에서도 이야기했듯이 분수의 성질이 극한보다 우선됩니다. 그래서 분모와 분자에 있는 h가 약분을 통해 간단히 된 것입니다. 여기서 주의할 것은 분자가 다항식일 때 $2ah+h^2$처럼 분자의 두 항에 분모와 공통된 요소여기서는 h가 모든 항에 들어 있어야 약분이 된다는 사실입니다. 분자의 $2ah+h^2$은 더하기 기호 앞과 뒤에 공통으로 h가 들어 있기 때문에 분모의 h와 약분될 수 있었던 것입니다. 이 내용은 앞으로 미분 이외의 수업에서도 자주 쓰일 것이므로 꼭 기억해 두도록 합니다.

다음으로, $\lim_{h \to 0}(2a+h)$에서 h가 0으로 한없이 근접한다는 것은 극한의 개념이자 목표 의식입니다. 그래서 h 대신에 0을 써도 됩니다.

그래서 $\lim_{h \to 0}(2a+h)=2a$, 곧 극한의 결과는 $2a$가 됩니다. 여기서, a를 변수로 보면 $f'(a)=2a$로 a의 함수라고 할 수 있습니다. 일반적으로 함수 $f(x)$의 정의역 안의 임의의 원소 x에 대하여 미분계수 $f'(x)$를 대응시키면 새로운 함수 $f':x \to f'(x)$가 정해집니다. 이 함수 $f'(x)$를 우리는 함수 $f(x)$의 도함수라고 부릅니다. 한마디로 정의역에 x를 대입하면 도함수가 된다고 할 수 있습니다.

자, 이제부터는 조금 전에 잠시 등장했던 Δx를 모시고 도함수의 정의를 알아보도록 할 것입니다. 우리는 앞에서 함수 $f(x)$의 $x=a$에서의 미분계수가 $\lim\limits_{\Delta x \to 0} \dfrac{\Delta y}{\Delta x} = \lim\limits_{\Delta x \to 0} \dfrac{f(a+\Delta x)-f(a)}{\Delta x}$ 라고 배웠습니다. 미분계수는 특정한 점 $x=a$에 대한 각각의 값을 뜻합니다. 이렇게 따로 노는 친구들을 통일하고 싶은 마음이 생겼습니다. 그래서 나는 a 대신에 x로 바꾸어 봅니다.

$$\lim_{\Delta x \to 0} \frac{\Delta y}{\Delta x} = \lim_{\Delta x \to 0} \frac{f(x+\Delta x)-f(x)}{\Delta x}$$

이게 바로 $f(x)$의 도함수입니다. 함수 $f(x)$의 도함수 $f'(x)$는 함수 $f'(a)$의 변수를 a에서 x로 바꾸어 놓은 것입니다. 이 함수를 함수 $f(x)$의 도함수라 하고, 기호로는 $f'(x), y', \dfrac{dy}{dx}, \dfrac{d}{dx}f(x)$와 같이 나타냅니다. 여하튼 도함수는 귀찮은 친구입니다. 한 가지 모습도 모자라서 네 가지 모습으로 나타낼 수 있는 것을 보니 괴도 뤼팽 같은 친구입니다. 변신의 천재라고 할 수 있지요. 우리는 여기서 변신의 귀재 도함수의 세 번째 모습에 주목해 보도록 하겠습니다. 보세요. $\dfrac{dy}{dx}$는 dy를 dx로 나눈다는 뜻이 아니라 y를 x에 대하여 미분한다는 뜻이라고 했습니다. 이것 또한 하나의 기호이니 기억하기 바랍니다. 앞에서도 말했지만, 이 기호를 읽을 때에는 분수를 읽는 것처럼 '무엇 분의 무엇'이라고 읽지 않고 그냥 '디와이, 디엑스'라고, 위에서 차례로 읽어 내려옵니다.

도함수의 정의에 대해 한 번 더 정리해 보면 다음과 같습니다.

미분가능한 함수 $f(x)$의 도함수 $f'(x)$는
$$f'(x) = \lim_{\Delta x \to 0} \frac{\Delta y}{\Delta x} = \lim_{\Delta x \to 0} \frac{f(x+\Delta x) - f(x)}{\Delta x}$$

또한 $f(x)$의 도함수를 구하는 위의 과정을 '$f(x)$를 미분한다.'라고 합니다. 그래서 도함수를 구하는 방법을 미분법이라고 합니다. 그들에게도 나름의 법칙이 있습니다. 법칙은 반드시 지켜져야 합니다. 미분법은 상당히 중요한 법입니다. 무조건 지키도록 합시다. 하하하!

근본적으로 도함수는 미분계수와 뜻이 같습니다. 각 x에 대한 매 순간의 변화율, 매 순간의 미분계수를 나타냅니다. 따라서 도함수를 알게 되면 원래 함수 $f(x)$의 변화하는 모습을 확실하게 알 수 있게 됩니다.

도함수와 미분계수는 곡선의 모습을 정확히 알아내기 위해 만들어진 수학 도구입니다. 앞에서 예를 든 등산에 비유하자면,

어느 지점의 경사가 가파른지 알려 준다는 것입니다. $f(x)$의 도함수 $f'(x)$는 $f(x)$가 만들어지는 과정을 설명하기 위한 것입니다.

지금부터는 쥐선이를 위해 다른 각도로 도함수를 설명하겠습니다. 이제까지 설명을 다 이해한 친구들은 좀 쉬라고 말하고 싶지만 쉬면 뭐 합니까? 잘 들어 보세요.

함수 $f(x)=x^2$의 $x=a$에서의 미분계수는, 중간 과정을 생략하고 $2a$입니다. 프라임을 등장시켜서 나타내면 $f'(a)=2a$입니다. 또 $x=-1, 0, 1, 2$에서의 미분계수는 $f'(a)=2a$를 통해 a에 각각 $-1, 0, 1, 2$를 대입하여 얻을 수 있습니다. 이 값들에 각각 우리가 배운 인디언 깃털, 프라임을 붙여 주면 다음과 같이 나타낼 수 있습니다. $f'(a)=2a$에 대입한 결과입니다.

$$f'(-1)=-2, f'(0)=0, f'(1)=2, f'(2)=4$$

괄호 안으로 $-1, 0, 1, 2$가 차례로 쌩쌩 날아 들어간 결과 $-2, 0, 2, 4$가 나왔습니다. $f'(a)=2a$에서 a는 임의의 실수를 나타냅니다. 임의의 실수란 모든 실수를 다 취급하겠다는 뜻입니다. 욕심이 아주 많은 친구입니다. 그래서 a를 변수로 보면 $f'(a)=2a$는 a의 함수입니다. 여기서 a를 대신해서 x로 바꾸어 쓰면 $f'(x)=2x$입니다. 별거 없습니다. a자리에 x를 쓸 따름입니다.

즉, 함수 $f(x)=x^2$으로부터 새로운 함수 $f'(x)=2x$라는 뉴 페이스를 얻게 됩니다. 이 뉴 페이스 함수를 우리는 $f(x)=x^2$의 도함수라고 부릅니다.

미분계수와 도함수도 서로 절친한 사이라는 것을 우리는 피부로 느낄 수 있습니다. 하지만 쥐선이는 옷을 두껍게 입고 있어서 느낄 수 없다고 합니다. 쥐선이의 억지는 알아주어야 합니다.

이제까지 설명은 주로 미분계수 속에서 변해 가는 도함수의 새로운 모습을 설명했습니다. 미분계수는 매끄러운 곡선 위의 한 점에서의 접선의 기울기입니다. 수열에서 일반항이 각 항을 대표해서 나타낼 수 있듯이 도함수는 곡선 위 임의의 점에서 접선의 기울기를 나타낼 수 있습니다. 그래서 도함수는 접선의 기울기의 일반형으로 생각할 수 있습니다. 미분계수의 간판스타, 도함수라고 보면 될 것입니다.

오늘날의 인간은 진화 과정을 여러 번 거쳐 왔습니다. 도함수

역시 인간의 진화 과정처럼 평균변화율, 미분계수, 도함수라는 과정을 거쳐 진화했다고 볼 수 있습니다. 여러분은 다음 문제들을 풀어 보면서 그런 느낌을 받을 수 있을 것입니다.

> **쏙쏙 문제 풀기**
>
> 어떤 자동차의 속력이 초에 따라 함수 $f(x)=x^2+2x$(단, $0 \leq x \leq 10$)를 따를 때, 다음 값들을 구하시오.
> (1) 구간 [0, 2]에서 평균속력_{평균변화율}
> (2) $x=1$일 때 순간속력_{순간변화율}
> (3) 도함수 $f'(x)$

그런데 여러분, 바로 풀지 말고 내 말을 좀 들어 보세요. (1)번 물음은 함수 $f(x)$에 대하여 두 점 $(0,0)$, $(2,8)$을 지나는 직선의 기울기라고 보면 됩니다. 좀 더 자세히 말해 줄게요. [0, 2]는 0, 2만 있는 것이 아니므로 x의 값입니다. 즉, 구간 0에서 2까지를 말합니다. 0 이상 2 이하라는 뜻이지요.

그래서 식 $f(x)=x^2+2x$의 x자리에 0과 2를 각각 대입하여 나온 값은 0과 8입니다. 여기서 나온 0과 8은 각각 y의 값이지요. 정확히 말하자면 x에 대응된 y의 값입니다. 그래서 순서쌍을 이용해 표현해 보면 $(0, 0)$과 $(2, 8)$로 나타낼 수 있습니다. 계산은 조금 이따가 해 보겠습니다.

다음으로 (2)번 물음은 $x=1$에서의 접선의 기울기라고 볼 수 있습니다. 그리고 (3)번 물음은 접선의 기울기의 일반형이라고 할 수 있습니다. 하지만 여러분, 절대 서두르지 마세요. 문제에 대해서 조금 더 알게 되었다고 성급하게 달려들면 실수할 수도 있습니다. 내 얘기를 좀 더 들어 보고 문제를 풀어도 늦지 않습니다.

평균속력_{평균변화율}은 $\dfrac{\Delta y}{\Delta x} = \dfrac{f(b)-f(a)}{b-a}$ 입니다.

순간속력_{순간변화율}은 $f'(a) = \lim\limits_{\Delta x \to 0} \dfrac{\Delta y}{\Delta x} = \lim\limits_{h \to 0} \dfrac{f(a+h)-f(a)}{h}$ 입니다. 따라서 도함수는 $f'(x) = \lim\limits_{h \to 0} \dfrac{f(x+h)-f(x)}{h}$ 가 됩니다.

이제 운명의 시간입니다. 먼저 (1)번 물음을 해결해 보도록 하겠습니다. 풀이는 다음과 같습니다.

$$\frac{\Delta y}{\Delta x} = \frac{f(2)-f(0)}{2-0} = \frac{8-0}{2} = 4$$

그러므로, 평균속력은 4가 됩니다. 여기서 $f(2)$는 x^2+2x의 x자리에 2를 넣어 나온 값입니다. 그러므로 $f(0)$은 0입니다. 함수에 대한 기본 계산을 잘 알아 두면 앞으로도 유용하게 쓸 수 있습니다.

마지막으로 잔소리 하나 더 하자면, Δy는 y의 '증분'으로 y가 증가한 양을 말합니다. Δx는 x의 증분으로 x가 증가한 양이라는 것도 알 수 있겠죠?

그럼 이제 다시 (2)번 물음을 해결해 보도록 하겠습니다. $x=1$에서의 순간속력, 즉 미분계수 $f'(1)$을 알아내는 것입니다. 이 싸움에서는 트로이의 성처럼 튼튼한 성을 장악해야 합니다. 미분계수에는 극한도 나오고 분수도 나오고 함수도 나옵니다. 무척 힘든 싸움이 될 것입니다.

$$f'(1)=\lim_{h\to 0}\frac{f(1+h)-f(1)}{h}$$

공략하기 힘든 트로이 성과 같은 기운이 느껴집니다.

$$=\lim_{h\to 0}\frac{\{(1+h)^2+2(1+h)-(1+2)\}}{h}$$

일단 함수부터 치고 들어가기 위해 분자 계산을 먼저 합니다. 함수의 공격 포인트는 식의 x자리에 주어진 값을 대입하여 정리하는 것입니다.

$$=\lim_{h\to 0}(4+h)$$

정리된 식에서 극한의 목표를 대입하여 간단히 만들어 냅니다. 즉, h에 0을 대입합니다.

$$=4$$

드디어 난공불락의 트로이 성과 같던 미분계수 값을 찾아냈습니다.

1초일 때의 순간속력, 즉 미분계수 $f'(1)=4$입니다.

이제 (3)번 물음, 도함수를 알아봅시다. 도함수는 x를 포함해서 나타내야 함을 유의하세요. 역시 당당하게 $f'(x)$가 처음 등장합니다. 그가 끌고 온 친구들을 살펴봅시다.

$$f'(x) = \lim_{h \to 0} \frac{f(x+h)-f(x)}{h}$$

도함수의 기본입니다.

약간 긴장됩니다. 얼마나 복잡하게 식이 전개될지 쥐선이는 눈가의 주름을 만들며 눈을 가늘게 뜹니다.

$$f'(x) = \lim_{h \to 0} \frac{f(x+h)-f(x)}{h}$$
$$= \lim_{h \to 0} \frac{\{(x+h)^2 + 2(x+h) - (x^2+2x)\}}{h}$$

일단, 함수를 공략하기 위해 주어진 $x+h$와 x를 각각 식에 대입하여 나타냅니다. 그런데 문제의 식과 너무 떨어져서 주어진 식이 뭔지 잘 모르겠지요. 다시 씁니다. $f(x)=x^2+2x$입니다. 이 식에 대입하여 정리한 모습이 바로 위의 식입니다.

복잡해진 분자를 완전제곱식의 전개라는 특수 비법을 통해 정리해 보겠습니다. $(x+h)^2 = x^2 + 2xh + h^2$으로 탈바꿈할 수 있습니다. 앞에서 말한 완전제곱식의 전개로 괄호가 사라졌습니다. 녀석은 괄호가 없어져 조금의 해방감을 느끼고 있습니다. 그다음은 $2(x+h)=2x+2h$가 됩니다. 여기서 사용된 기술은

중학교 1학년 때 처음 접하게 되는 분배법칙이라는 기술입니다. 분배법칙이란 전개의 기본이 되는 기술입니다. 2가 괄호 안을 넘나들면서 화려한 곱셈 기술을 발휘합니다.

그다음은 $-(x^2+2x)=-x^2-2x$입니다. 이건 어떻게 보면 공기처럼 보이지 않게 걸리는 기술입니다. $-$가 자연스럽게 괄호 안으로 스며들면서 괄호 안의 부호를 스리슬쩍 바꾸어 버립니다. 쥐도 새도 모르게 걸리는 기술이므로 조심하세요. 많은 학생이 이 기술을 몰라 부호를 틀리는 실수를 합니다. 수학에서는 부호 하나만 달라져도 식 전체가 틀려 버릴 수도 있습니다. 꼭 유의하세요.

이상으로 분자를 다 전개했습니다. 이제 동류항끼리 계산하여 정리하면 다음과 같이 됩니다.

$$\lim_{h \to 0} \frac{2xh+h^2+2h}{h}$$

여기서는 극한의 힘보다 약분의 힘이 우선입니다. 앞에서 여러 번 말했습니다만, 분수에서 약분의 힘은 강합니다. 그래서 초등학교 때 분수 계산에서 약분하지 않으면 선생님들이 혼내면서 틀렸다고 하는 것 같습니다.

자, 이것을 약분하면 다음과 같겠죠?

$$\lim_{h \to 0}(2x+h+2)$$

하지만 여기가 끝이 아닙니다. 지금껏 기다려 온 lim가 기술을 구사할 시간입니다. 리미트의 속마음은 리미트 기호 아래 나타나 있습니다. 그의 마음은 $h \to 0$입니다. h를 0으로 보내고 싶어 합니다. 그럼 그의 소원을 들어 주도록 합시다.

$$\lim_{h \to 0}(2x+h+2) = 2x+2$$

h는 0으로 사라졌습니다. 극한의 힘을 받은 것입니다. 따라서 우리는 도함수 $f'(x) = 2x+2$를 구했습니다. 이것을 알면 (2)번 물음과 같은 문제가 있을 때 x값에 우리가 알고 싶은 시간만 대입하면 순간속도를 구할 수 있게 됩니다.

이상으로 이번 수업을 마치고 좀 쉬겠습니다.

수업정리

❶ 도함수는 영어로 derivative function이라고 합니다. derivative는 '끌어낸'이라는 뜻입니다. 도함수의 '도'는 '유도된', '이끌어 낸' 등의 근원적이라는 뜻입니다.

❷ 도함수의 정의에 대해 정리해 보면 다음과 같습니다.
미분가능한 함수 $f(x)$의 도함수 $f'(x)$는
$$f'(x) = \lim_{\Delta x \to 0} \frac{\Delta y}{\Delta x} = \lim_{\Delta x \to 0} \frac{f(x+\Delta x)-f(x)}{\Delta x}$$

❸ 함수 $f(x)$의 도함수 $f'(x)$는 함수 $f'(a)$의 변수를 a에서 x로 바꾸어 놓은 것입니다. 이 함수를 함수 $f(x)$의 도함수라 하고, 기호로는 $f'(x), y', \frac{dy}{dx}, \frac{d}{dx}f(x)$로 나타냅니다.

5교시

미분법 공식
－도함수 계산

미분 공식과 도함수의 계산을 배웁니다.

수업 목표

미분 공식에 대해 알아봅니다.

미리 알면 좋아요

1. **좌표평면** 좌표계가 정해진 평면을 말합니다. 이 평면의 각 점에는 두 수로 된 한 쌍의 좌표가 대응하고 있어서, 이것을 이용하여 도형의 성질을 대수 계산에 의해 연구할 수 있습니다.

2. **차수** 정수 또는 정식을 몇 개의 간단한 인수의 곱의 꼴로 바꾸어 나타내는 것을 말합니다.

뉴턴의
다섯 번째 수업

　이번 수업에서는 기본적인 미분 공식에 대해 알아보도록 하겠습니다. 일명 도함수의 계산입니다. 앞에서 이야기했듯이 함수와 미분은 떨어질 수 없는 관계입니다. 너무 오래된 사이이지요.
　먼저 가장 간단한 함수로 x축에 평행한 모습을 나타내는 상수함수를 알아보도록 하겠습니다. 상수함수는 $y=c$(단, c는 상수)로 나타낼 수 있습니다.
　이 상수함수를 미분해 보도록 하겠습니다.

우선 상수함수의 특징을 미분에 연관 지어 생각하도록 합니다. 미분의 특성은 변화량과 관계있습니다. 앞의 내용을 잘 읽어 본 사람이라면 쥐선이 빼고 다 이해할 것입니다.

 상수함수는 x의 변화에 상관없이 무조건 y값이 c이기 때문에 y의 변화량이 없습니다. 이해가 되지 않는다면 c에 구체적인 수 5를 대입하여 그래프로 그려 봅시다.

 자, 다음 그래프를 보세요.

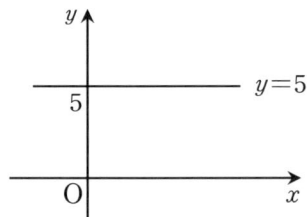

 이 그래프를 보면 알 수 있듯이 x값의 변화에 상관없이 y값은 늘 5라는 것을 알 수 있지요. 절대 변하지 않습니다. 그래서 변화량이 없고 미분계수_{변화를 나타내는 것이 바로 미분계수입니다.} 또한 항상 0입니다. 그래서 도함수는 0이 되는 것입니다.

 이제 개념을 알았으니 수식을 통해 자세히 알아보도록 하겠습니다.

$y=f(x)$라 할 때,
$$f'(x)=\lim_{h\to 0}\frac{f(x+h)-f(x)}{h}=\lim_{h\to 0}\frac{c-c}{h}=0$$

x에 어떤 값을 대입하더라도 결과는 무조건 c가 됩니다. 계산 과정이 조금 시시$_{c,c}$ 하지요? 하하하.

예를 들어 $y=100$이라는 함수의 도함수를 구한다고 할 때$_{혹은\ 미분한다고\ 할\ 때}$, 상수함수는 도함수가 무조건 0입니다. 수가 아무리 크더라도 말입니다. $y'=0$. 와이 프라임은 영입니다.

이번에는 가장 많이 나오는 함수 $y=x^n$(단, n은 자연수)의 도함수를 구해 보도록 하겠습니다. n 자리에 2가 들어가면 이차함수, 3이 들어가면 삼차함수, 4가 들어가면 사차함수……. 이런 식입니다. 이름이 참 통일성이 있어서 좋습니다. 구해 보도록 합시다.

$$f(x+h)-f(x)=(x+h)^n-x^n$$

우리는 여기서 이 식이 전개되는 과정을 눈여겨볼 필요가 있습니다.

$$= \{(x+h)-x\}\{(x+h)^{n-1}+(x+h)^{n-2}x+\cdots\cdots+x^{n-1}\}$$
$$= h\{(x+h)^{n-1}+(x+h)^{n-2}x+\cdots\cdots+x^{n-1}\}$$

어려운 부분을 설명하도록 하겠습니다. 먼저 $(x+h)^n - x^n = \{(x+h)-x\}\{(x+h)^{n-1}+(x+h)^{n-2}x+\cdots\cdots+x^{n-1}\}$로 되

는 것은 인수분해 공식인 $a^n-b^n=(a-b)(a^{n-1}+a^{n-2}b+\cdots\cdots +ab^{n-2}+b^{n-1})$을 이용한 것입니다.

처음 괄호 안에서는 조그만 수 n을 떼 내고 $(a-b)$로 만들어 주고 그 뒤에 $(a^{n-1}+a^{n-2}b+\cdots\cdots+ab^{n-2}+b^{n-1})$을 붙여 줍니다. 앞에 a가 하나 쓰였기 때문에 뒤에는 a가 하나 줄어든 모습으로 등장합니다. a^{n-1}이라고 말입니다. 그다음 모습도 패턴을 가지고 있습니다. $a^{n-2}b$에서 a의 차수_{위의 조그마한 수}가 $n-2$로 나타나고 차수를 메워 주기 위해 b가 등장하면서 착 달라붙어 있습니다. 이런 식으로 a는 차수를 하나씩 줄여 나가고 b는 반대로 차수를 높여 나가면서 더해집니다. 나중에는 홀로 남은 b가 b^{n-1}로 식을 마무리 짓습니다.

다시 보면 $(x+h)^n-x^n=\{(x+h)-x\}\{(x+h)^{n-1}+(x+h)^{n-2}x+\cdots\cdots+x^{n-1}\}$입니다. 이렇게 정리된 분자 식을 가지고 도함수 정의로 들어갑니다.

도함수의 정의에서,

$$f'(x)=\lim_{h\to 0}\frac{f(x+h)-f(x)}{h}$$
$$=\lim_{h\to 0}\frac{h\{(x+h)^{n-1}+(x+h)^{n-2}x+\cdots\cdots+x^{n-1}\}}{h}$$

분모, 분자의 h를 약분하면,

$$= \lim_{h \to 0} \{(x+h)^{n-1} + (x+h)^{n-2}x + \cdots\cdots + x^{n-1}\}$$

여기서 h를 모두 0으로 만들면,

$$= x^{n-1} + x^{n-1} + \cdots\cdots + x^{n-1}$$

이 식에는 x^{n-1}이 n개 들어 있습니다.

$$= nx^{n-1}$$

그래서 x^{n-1} 앞에 n이 곱해져 있습니다.

자, 이제 정리 시간입니다. 결국, 함수 $y=x^n$의 미분은 $y'=nx^{n-1}$이라는 것을 알 수 있습니다. 예를 들어 $y=x^5$을 미분도함수하면 $y'=5x^{5-1}=5x^4$이 됩니다.

과정은 복잡해도 공식을 알고 적용하기는 아주 쉽습니다.

그럼 이번에는 함수 $f(x)$에 실수배가 된 함수 $y=cf(x)$를 미분하도록 하겠습니다. 그런데 여기서 실수배라는 것은 나주 배처럼 먹는 배가 아니라 함수에 실수가 곱해져 있는 것을 말합니다. 실수배는 $cf(x)$와 같이 나타냅니다.

$$y' = \lim_{h \to 0} \frac{cf(x+h) - cf(x)}{h}$$

도함수의 정의에 따라 함수의 x 자리에 $x+h$와 x를 차례로 대입합니다.

$$=\lim_{h \to 0} \frac{c\{f(x+h)-f(x)\}}{h}$$

분자 부분에 각각 붙어 있는 시시한 c를 앞으로 끄집어냅니다. 이런 방법을 뭐라고 했죠? 그렇습니다. 인수분해입니다.

$$=c\lim_{h \to 0} \frac{f(x+h)-f(x)}{h}$$

잘 보세요. 세상의 인심이 느껴집니다. 한번 버림받은 c는 lim에게도 버림받아 맨 앞으로 끌려 나갑니다.

$$=cf'(x)$$

갑자기 이런 모습으로 돌변했다고 생각하는 친구들은 공부를 제대로 한 것이 아닙니다.

도함수의 정의에 의해 $f'(x)=\lim_{h \to 0}\frac{f(x+h)-f(x)}{h}$이므로 $\lim \frac{f(x+h)-f(x)}{h}$ 대신 $f'(x)$로 바꾸어 나타낸 것입니다. $f(x)$의 도함수 $f'(x)$에 실수배 c를 해 줘도 되는 것입니다.

예를 들어 $y=3x^2$이라는 함수의 도함수, 즉 미분하면 다음과 같습니다.

$$y'=(3x^2)'=3(x^2)'=3 \cdot 2 \cdot x=6x$$

앞에 곱해져 있는 3은 그대로 두고 미분해도 된다는 뜻입니다. 계산을 통해 익히니까 별것 아니라는 생각이 듭니다.

그럼 이제는 함수끼리의 덧셈과 뺄셈으로 이루어진 함수 $y=f(x)\pm g(x)$의 도함수도 구해 보도록 하겠습니다. 일단 덧셈의 경우를 구해 보면,

$$y'=\lim_{h\to 0}\frac{\{f(x+h)+g(x+h)\}-\{f(x)+g(x)\}}{h}$$

우선, 도함수의 정의에 의해 표현되었습니다.

$$=\lim_{h\to 0}\frac{\{f(x+h)-f(x)\}+\{g(x+h)-g(x)\}}{h}$$

분자 부분에 짝꿍의 위치를 바꾸어 보았습니다.

$$=\lim_{h\to 0}\frac{f(x+h)-f(x)}{h}+\lim_{h\to 0}\frac{g(x+h)-g(x)}{h}$$

lim의 힘을 빌려 분수를 둘로 나누어 보았습니다.

$$=f'(x)+g'(x)$$

도함수의 정의에 의해 만들어졌습니다. 도함수의 정의 외에 아무것도 넣지 않았습니다.

뺄셈의 경우도 마찬가지입니다.

$$y'=\{f(x)-g(x)\}'=f'(x)-g'(x)$$

살다 보면 함수끼리 붙어 있는, 즉 자세히 보면 두 함수가 곱해져 있는 형태의 함수도 미분하게 됩니다. $y=f(x)g(x)$가 바로 그것입니다. 한번 다루어 보겠습니다.

$$y'=\lim_{h\to 0}\frac{f(x+h)g(x+h)-f(x)g(x)}{h}$$

역시 도함수의 정의에 의해 곱해진 함수를 만들어 보았습니다.

$$=\lim_{h\to 0}\left\{\frac{f(x+h)g(x+h)-f(x)g(x+h)}{h}+\frac{f(x)g(x+h)-f(x)g(x)}{h}\right\}$$

이렇게 변한 모습을 보고 쥐선이는 잇몸을 드러내며 경계합니다. 하하하. 아마 누구라도 이와 같은 식을 보게 되면 그만 화가 나서 물어뜯고 싶어질 것입니다. 하지만 이 식의 가운데 부분을 유심히 쳐다보세요. 그럼 $f(x)g(x+h)$를 빼고 더한 것을 알 수 있을 것입니다. 그 두 개가 사라지면 원래의 모습이 됩니다.

수학의 특성 중 하나가 더해지거나 빼지더라도 원래의 모습을 찾을 수 있다면 상관하지 않는다는 것입니다. 줬다가 뺏고, 뺏었다가 다시 주면 결국 아무것도 아니라는 것입니다.

자, 앞에 본 식과 다시 비교해 봅시다.

$$= \lim_{h \to 0} \left\{ \frac{f(x+h)-f(x)}{h} \cdot g(x+h) \right.$$
$$\left. + f(x) \cdot \frac{g(x+h)-g(x)}{h} \right\}$$

분자 부분이 너무 무거웠기 때문인지 앞부분에서 $g(x+h)$를 뒤로 빼내서 옆에 다가 붙여 줍니다. 마찬가지로 뒷부분의 식에서 $f(x)$를 같은 방법으로 빼내어 앞에 붙여 줍니다.

$$= \lim_{h \to 0} \frac{f(x+h)-f(x)}{h} \cdot \lim_{h \to 0} g(x+h)$$
$$+ f(x) \lim_{h \to 0} \frac{g(x+h)-g(x)}{h}$$

이제 만들어진 식 사이사이로 극성맞은 극한이 파고듭니다. 왜냐하면 도함수의 정의와 극한은 떼려야 뗄 수 없는 관계이기 때문이죠.

$$= f'(x)g(x) + f(x)g'(x)$$

도함수의 정의와 극한의 성질 등이 합작이 되어 이와 같은 정리됩니다.

이제 마지막으로 세 함수가 곱해져 있는 함수 $f(x)g(x)h(x)$의 도함수를 구해 보고 수업을 마치도록 하겠습니다. 세 함수가 곱해져 있는 함수를 보고 놀란 쥐선이는 게거품을 품고 기절합니다. 놀란 만도 합니다. 나는 두 함수가 곱해져 있는 것을 응용하면 쉽게 풀 수 있다고 말하려고 했는데 쥐선이는 그만 기절하고 말았습니다. 그렇게 힘든 것도 아닌데 말입니다.

$f(x)g(x)$를 하나의 함수로 생각하여 $\{f(x)g(x)\}h(x)$로 두고 미분해 보면 됩니다. 하나의 묶음으로 보는 치환법을 응용한 것이라 볼 수 있습니다.

이제 $y=f(x)g(x)h(x)$를 미분해 보겠습니다.

$$y' = \{f(x)g(x)\}'h(x) + \{f(x)g(x)\}h'(x)$$
$$= \{f'(x)g(x) + f(x)g'(x)\}h(x) + f(x)g(x)h'(x)$$
$$= f'(x)g(x)h(x) + f(x)g'(x)h(x) + f(x)g(x)h'(x)$$

찬찬히 살펴보면 알겠죠? 두 함수의 곱의 미분 공식을 응용하여, 초등학생 때 배운 소괄호, 중괄호, 대괄호 순으로 안에서부터 차례로 계산해 보면 이해가 될 것입니다. 이런 규칙성을 이용하여 두 함수, 세 함수의 곱뿐만 아니라 함수가 몇 개씩 곱해져 있더라도 하나씩 미분하여 계산하면 결코 어렵지 않습니다.

수업 정리

❶ 상수함수는 도함수가 무조건 0입니다.

❷ $y=x^n$을 미분해 봅시다.

$$f'(x)=\lim_{h\to 0}\frac{f(x+h)-f(x)}{h}$$
$$=\lim_{h\to 0}\frac{h\{(x+h)^{n-1}+(x+h)^{n-2}x+\cdots\cdots+x^{n-1}\}}{h}$$
$$=\lim_{h\to 0}\{(x+h)^{n-1}+(x+h)^{n-2}x+\cdots\cdots+x^{n-1}\}$$
$$=x^{n-1}+x^{n-1}+\cdots\cdots+x^{n-1}$$
$$=nx^{n-1}$$

❸ $y=f(x)g(x)h(x)$를 미분해 봅시다.

$$y'=\{f(x)g(x)\}'h(x)+\{f(x)g(x)\}h'(x)$$
$$=\{f'(x)g(x)+f(x)g'(x)\}h(x)+f(x)g(x)h'(x)$$
$$=f'(x)g(x)h(x)+f(x)g'(x)h(x)+f(x)g(x)h'(x)$$

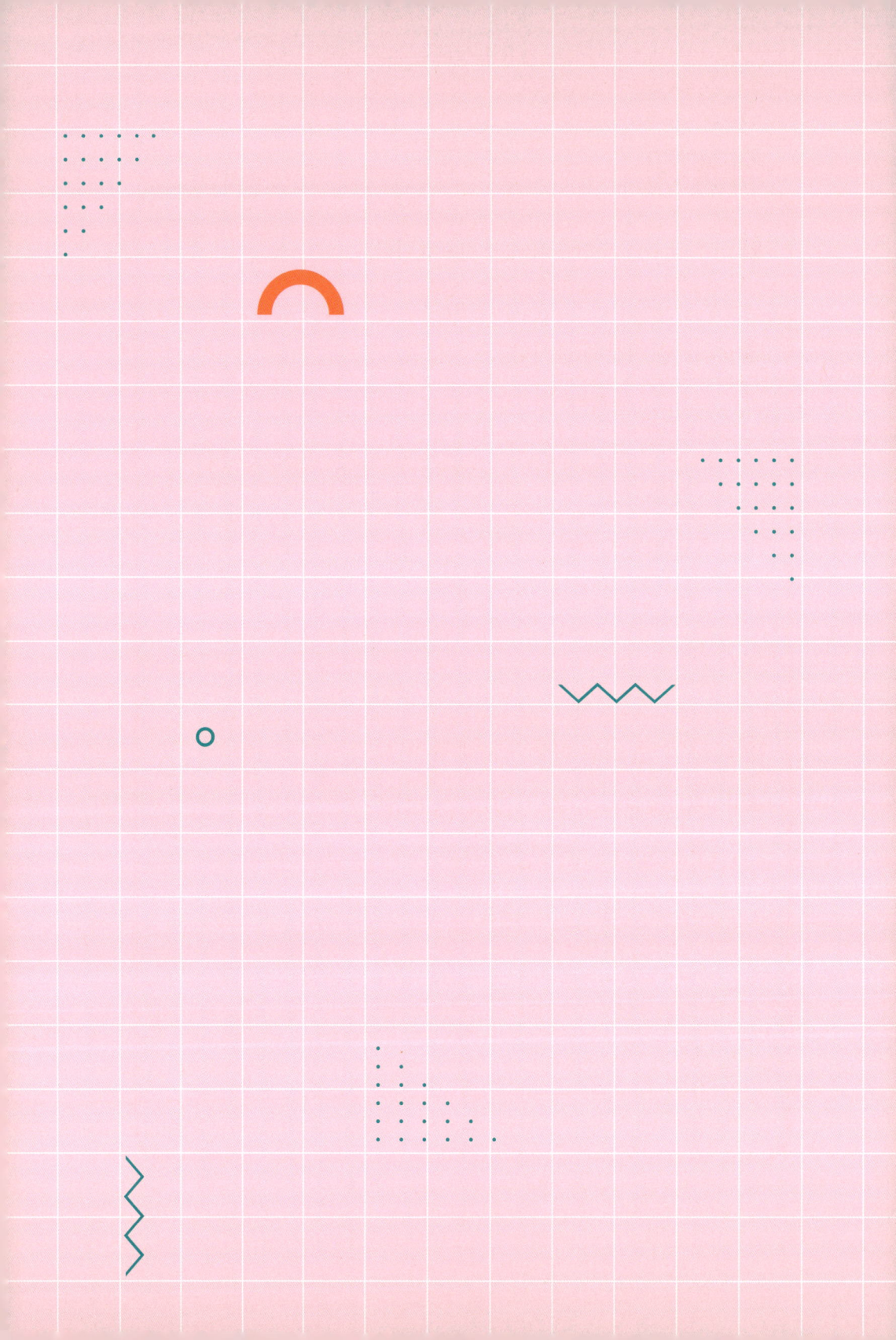

6교시

미분법 활용

문제를 통해 미분법을 활용하는 방법을 알아봅니다.

수업 목표

미분 공식을 문제 풀이에 활용합니다.

미리 알면 좋아요

1. **분배법칙** 기호로는 $a(b+c+d)=ab+ac+ad$로 나타냅니다. 단항 인수 a를 다항 인수 $b+c+d$의 각 항에 분배, 즉 각 항과 하나씩 곱하여 $ab+ac+ad$를 얻습니다. 그러므로 몇 개의 수를 더한 뒤에 그 합에 어떤 수를 곱한 결과는 어떤 수를 몇 개의 수 각각에 곱한 뒤에 그 값들을 더한 결과와 같습니다.

2. **동류항** 다항식에서 계수는 다르나 문자 인수가 같은 두 개 이상의 항을 말합니다.

3. **합성함수** 두 함수를 합성하여 얻은 함수를 말합니다. 두 함수 $y=f(z)$와 $z=g(x)$에 대하여 $y=f(g(x))$를 이르는 말입니다.

뉴턴의
여섯 번째 수업

 쥐선이가 이전 수업은 너무 힘들었다고 사나운 잇몸을 드러냅니다. 도함수를 구할 때, 아니 쉽게 말해 미분할 때 도함수의 정의에 의해 일일이 계산하는 것이 너무 복잡했다고 합니다.

 사람들은 수학을 공부할 때 공식만 외우면 안 된다고 합니다. 맞습니다. 하지만 그 말은 공식'만' 외우면 안 된다는 말이지, 공식을 전혀 외울 필요가 없다는 말은 아닙니다. 공식'은' 꼭 외워야 합니다. 구구단을 생각해 보세요. 우리가 어릴 때부터 구구단을 외우는 데는 그만한 이유가 있습니다. 학습에 있어 주입과 암기는 꼭 필요합니다. 이해를 바탕으로 한 암기는 학습을 훨씬 쉽게 만듭니다.

그런 의미에서 다음에 등장하는 미분법 기본 공식은 반드시 암기하도록 하세요. 훗날 우리가 자라 미분을 만나게 되면 큰

도움이 될 것입니다. 우리가 미래라고 하는 시간은 지금으로부터 그리 멀지 않은 시간입니다.

> (1) $y=c$ (단, c는 상수) ➡ $y'=0$
> (2) $y=x^n$ (단, n은 자연수) ➡ $y'=nx^{n-1}$
> (3) $y=cf(x)$ (단, c는 상수) ➡ $y'=cf'(x)$
> (4) $y=f(x)\pm g(x)$ ➡ $y'=f'(x)\pm g'(x)$
>   요걸 합·차의 미분법이라고 부르기도 한답니다.
> (5) $y=f(x)g(x)$ ➡ $y'=f'(x)g(x)+f(x)g'(x)$
>   요건 곱의 미분법이라고 하지요.
> (6) $y=f(x)g(x)h(x)$ ➡
> $y'=f'(x)g(x)h(x)+f(x)g'(x)h(x)+f(x)g(x)h'(x)$

우리는 이전 시간에 도함수의 정의를 통해 그들의 생성 과정을 살펴보았습니다. 이제는 그들을 좀 더 익숙하게 하는 시간을 가져 볼 것입니다. 여러분에게 그 친구들을 익힐 수 있는 시간을 주겠습니다. 이 공식 중에서 (2)번 공식이 가장 기본이 되고, 나머지 공식은 프라임을 잘 찍어 두면 쉽습니다. 앞에 있는 공식을 잘 살펴보니 곳곳에 프라임이 찍혀 있는 게 눈에 확 들어오지요? 언뜻 보기에는 꽤나 복잡해 보여도 하나하나 잘라서 잘 생각하면 서서히 눈에 익게 될 것입니다. 세계 최고 피겨 선수였던 김연아 같은 사람도 한 번에 완벽한 기술과 연기를 할 수는 없었습니다. 처음부터 한 동작 한 동작 구분하고 익혀서 하나의 완성된 연기를 만들어 냅니다. 우리도 수학에서 어려워 보이는 공식을 하나하나 조금씩 익혀 전체적으로 이해할 수 있도록 합시다. 비록 그 순간이 힘들더라도 참고 견디면 이겨 낼 수 있습니다. 그 순간이 바로 학문을 배우는 즐거움이기도 합니다.

자, 그럼 이제 실전으로 들어가 보도록 하겠습니다. 실전으로 들어가자고 하니 쥐선이는 자기는 아직 덜 외웠다고 하네요. 하하하. 걱정 말아요. 우리는 문제를 통해 그리고 여러 차례의 실수를 통해서 익힐 수 있으니까요. 처음부터 완벽이란 없다고 했지요? 넘어져야 일어설 수 있습니다.

미분을 하라는 말과 도함수를 구하라는 말은 같은 뜻이라는 것을 알고 있지요? 그렇다면 다음을 미분해 봅시다.

$y = 100000000$

1억을 미분하면 어떻게 될까요? 지금부터 미분당하는 자는 자신의 소속을 밝히고 미분당하도록 합니다. 1억의 소속은 (1)번 미분 공식입니다. 왜냐하면 1억이라는 수가 큰 수이지만 아무리 커도 그는 상수_{언제나 같은 수}이기 때문입니다. 상수_{常數}란 수식에서 변하지 않는 값입니다. 변하는 값을 나타내는 말인 변수_{變數}와 반대입니다. 우리는 앞에서 상수를 미분하면 그 값이 0이 된다는 것을 배웠습니다. 그래서 1억을 미분하면 0입니다.

이제, $y=x^4$을 미분하도록 하겠습니다. 소속은 미분 공식 (2)번입니다. 이 함수의 미분 계산은 x 위의 지수로부터 시작합니다. 이때, x 위의 4라는 조그마한 수가 앞으로 나가면서 그 크기는 커지고, 대신 지수는 원래의 4에서 1을 뺀 3이 됩니다. 자, 이 과정을 잊지 말고 기억하세요.

$$y'=4x^{4-1}=4x^3$$

우리 쥐선이도 잘 알 것 같다고 합니다. 그럼 쥐선이가 $y=x^{10}$을 미분해 보세요.

"아이 참, 선생님도……. 지수를 앞으로 끌어 내리라고 했잖아요. 그럼 $y'=10x^{10}$ 아닌가요?"

하하하. 역시 틀렸습니다. 여러분은 어디가 틀렸는지 알겠지요? 바르게 고치면 다음과 같습니다. $y'=10x^9$. 지수를 내린 다음에는 반드시 1을 뺀 값을 적어 주어야 합니다.

도함수의 정의를 이용하는 것은 상당히 까다로워 보여도 미분 공식에 넣어 계산하니 조금은 간단해 보입니다. 자, 이제 $y=2x$를 미분하도록 하겠습니다. 아, 그런데 쥐선이가 갑자기 당황합니다. 녀석의 소속이 어딘지 고민하고 있군요? 쥐선이는 당황하지 마세요. 녀석의 소속은 (3)번이니까요. 함수에 실수배가 곱해져 있는 모양입니다.

그럼 계산 과정을 한번 살펴보도록 하죠.

$$y' = (2x)' = 2 \cdot (x)' = 2 \cdot x^{1-1} = 2 \cdot x^0 = 2$$

계산 과정을 쭉 살펴보니 할 말이 좀 많습니다. 쥐선이가 궁금하게 여기는 부분도 많고요. 차근차근 알아봅시다. 위 식에서 ·이 나타내는 것은 곱하기입니다. 수학에서는 점도 곱하기 기호로 쓰입니다. 실수배가 곱해진 꼴에서 실수는 앞으로 빼낸 다음 신경 쓰지 않고 미분하면 됩니다. 그런데 여기서 x를 미분하려면 x 위에 생략된 차수 1을 나타내 주어야 합니다. $x=x^1$으로 말입니다. 그래서 x를 미분하면 차수가 1만큼 줄어들게 되므로 x^0이 됩니다. 수학에서는 $x^0=1$이라고 약속하고 있습니다. 그러므로 2곱하기 1은 2가 됩니다.

이제 $y=5x^4$을 미분하도록 하겠습니다. 자, 쥐선이에게 다시 한번 기회를 주겠습니다. 이번에는 꼭 맞게 풀기 바랍니다.

$y'=9x^3$

여러분, 어때요? 맞게 푼 것 같나요? 일단은 바르게 미분하는 과정을 살펴봅시다.

$y'=5 \cdot (x^4)'=5 \cdot 4x^{4-1}=20x^3$

쥐선이는 남의 말을 흘려듣는 경향이 있는 것 같습니다.

$5 \cdot 4=5 \times 4=20$입니다. 쥐선이는 앞에서 곱해야 할 것을 더했나 봅니다. 그러니 맨 앞자리에 9라는 수가 나왔지요. 쥐선, 다음부터는 실수하지 마세요.

다음으로 $y=-x^4$을 미분하도록 하겠습니다. 우리 학생들은 음수가 나오면 자동으로 움찔합니다. 그건 쥐선이도 마찬가지입니다. 하지만 음수에 신경 쓰지 말고 그대로 실수배가 있는 함수 꼴로 미분하세요.

$$y' = (-x^4)' = -1 \cdot (x^4)' = -1 \cdot 4x^{4-1} = -4x^3$$

앞의 식에서 문자 앞에 −가 곱해져 있다는 것은 −1이 숨겨져 있다는 것이나 마찬가지입니다. 그리고 나머지는 이전 경우와 똑같이 풀어 주면 됩니다. 하나 더 해 보겠습니다. $y = -4x^4$을 미분해 봅시다.

$$y' = (-4x^4)' = -4 \cdot (x^4)' = -4 \cdot 4x^{4-1} = -16x^3$$

이제 좀 감이 잡히죠? 하지만 또 한 번 여러분을 떨게 만들겠습니다. 실수배로 분수가 등장합니다.
"분수라?"
쥐선이는 자기가 이 세상에서 두 번째로 싫어하는 수가 분수라고 고백합니다. 자, 하지만 우리는 $y = \frac{1}{2}x^6$을 미분하도록 합시다. 시작은 언제나 차수부터입니다. 차수 6을 앞으로 밀어서 떨어뜨리세요. 6이 떨어지면서 $\frac{1}{2}$과 만나 반 토막이 납니다. 그래서 $\frac{1}{2} \times 6 = 3$이 됩니다. 이제부터는 원래대로 미분해 나가면 됩니다.

$$y' = \left(\frac{1}{2}x^6\right)' = \frac{1}{2} \cdot (x^6)' = \frac{1}{2} \cdot 6x^{6-1} = 3x^5$$

이번에는 미분 공식 (4)번에 해당하는 문제를 풀어 보도록 하겠습니다. $y=3x^4-5x^3+2x^2-7$을 미분해 보죠. 우선 모든 항을 각각 미분하면 됩니다.

그러면 $y'=(3x^4)'-(5x^3)'+(2x^2)'-(7)'=12x^3-15x^2+4x$로 미분됩니다. (1)번, (2)번, (3)번 미분 공식이 복합적으로 쓰였다고 보면 됩니다.

다음으로 (5)번 공식을 이용하는 문제를 풀어 봅시다. 함수 $y=(x^2+2)(x-1)$을 미분하도록 합니다. 다시 한번 공식을 상기하고 문제를 보세요. 쥐선, 공식이 뭐였죠?

"$y=f(x)g(x)$ ➡ $y'=f'(x)g(x)+f(x)g'(x)$ ← 곱의 미분법이라고 하지요."

기억을 되살리기 위해 위에서 인용된 문장을 몽땅 가져왔습니다.

앞에 것은 미분하고 뒤에 것은 그냥 붙이고 여기에 앞에 것은 그냥 두고 뒤에 것은 미분하여 붙인 것을 더하면 됩니다. 이게 바로 곱미분 공식입니다. 해 보도록 합니다.

$$y'=(x^2+2)'(x-1)+(x^2+2)(x-1)'$$

$$=2x(x-1)+(x^2+2)\cdot1=2x^2-2x+x^2+2$$
$$=3x^2-2x+2$$

풀이 과정 중에 마지막 부분에 분배법칙과 동류항끼리 계산하는 장면이 나왔습니다. 여러분은 이런 계산법을 다 알고 있지요?

이렇듯 미분계수(변화율)를 구할 때는 그 정의를 이용하는 것 보다 도함수(미분 공식)를 이용하는 것이 훨씬 효율적입니다. 하지만 도함수의 정의를 이용하여 증명하는 과정을 알아 두는 것도 도함수를 이해하는 밑거름이 될 수 있습니다.

이제 드디어 만나야 할 도함수가 나왔습니다. 인조인간, 아니 합성된 함수, 합성함수를 미분하도록 합시다. 그러기 위해 우리는 먼저 어떤 모습이 합성함수인지 알아야 합니다. 자, 이제 합성함수가 모습을 드러냅니다. 잘 보세요.

$$y=(2x+1)^2$$

이것이 바로 합성함수의 모습입니다. 합성함수 꼴인지 모르고 기존의 방식으로 미분해 보면 $y'=2(2x+1)$이 될 것입니다. 얼핏 보면 맞는 것 같습니다. 하지만 이것은 분명 잘못된 계산입니다. 왜냐하면 이것은 y를 x에 관하여 미분한 것이 아니라, y를 $2x+1$에 관하여 미분한 것이기 때문입니다. 미분하려면 y를 x에 관하여 미분해야 합니다.

자, 이제부터는 앞의 풀이가 왜 잘못되었는지 합성함수의 일반적인 모습을 예로 들어 설명하겠습니다. $y=\{f(x)\}^n$ 꼴의 미분법을 생각해 보기로 합시다.

$y=\{f(x)\}^2$이면,
$y'=\{f(x)\cdot f(x)\}'$
$=f'(x)\cdot f(x)+f(x)\cdot f'(x)$
$=2f(x)\cdot f'(x)$

식을 풀어서 미분하였습니다. 두 번째 경우를 보면서 생각을 이어 나가도록 합니다.

$y=\{f(x)\}^3$이면,
$y'=[\{f(x)\}^2\cdot f(x)]'=[\{f(x)\}^2]'\cdot f(x)+\{f(x)\}^2\cdot f'(x)$

$$=2f(x)\cdot f'(x)\cdot f(x)+\{f(x)\}^2\cdot f'(x)=3\{f(x)\}^2\cdot f'(x)$$

여기서 우리는 규칙성을 찾아야 합니다. 차수가 2이면 2가 앞으로 가고 3이면 3이 앞으로 갑니다. 여기까지는 일반적인 경우와 같습니다. 하지만 여기서는 중괄호{ } 속의 함수가 따로 미분되어 뒤에 착 달라붙습니다. 그래서 일반적으로 다음과 같은 관계가 성립하게 됩니다.

$$y=\{f(x)\}^n \;\Rightarrow\; y'=n\{f(x)\}^{n-1}f'(x)$$

미분되는 과정에서 중괄호 속의 $f(x)$가 미분되어 꽁지에 달라붙습니다. 이게 바로 합성함수의 미분법입니다. 그런데 쥐선이는 어디서 들었는지 합성함수의 미분법을 쓰지 않고 규칙성을 찾듯이 일일이 전개하면 공식을 안 외워도 되지 않느냐며 따져 옵니다. 그래서 내가 그렇게 생각하는 학생들을 위해 또 다른 문제를 하나 준비했습니다.

차수가 2, 3차일 때는 쥐선이의 말대로 일일이 전개하여 하나하나 미분하여 계산해도 잘못된 방식은 아닙니다. 다음 문제를 보고 입을 한번 쩍 벌려 보세요.

쏙쏙 문제 풀기

함수 $y=(2x-5)^{100}$을 미분하시오.

어서요. 하하하. 역시 우리 쥐선이는 차수가 100인 것을 보고는 어지러워합니다. 함수 y는 식 100개의 곱으로 이루어져 있습니다.

따라서 합성함수의 미분법을 사용하지 않고 억지로 곱의 미분법을 이용하여 하나씩 미분을 한다면 다음과 같이 됩니다.

$$y=(2x-5)(2x-5)(2x-5)\cdots\cdots(2x-5)$$

한마디로 $(2x-5)$를 딱 100번 곱해야 한다는 말입니다. 여러분은 정녕 이 어마어마한 계산을 감당할 수 있겠나요?

쥐선이는 벌써 저기서 무릎 꿇고 자신의 잘못을 사죄하고 있군요. 쥐선, 그렇다고 무릎까지 꿇을 필요는 없습니다. 다만 우리는 이런 황당한 차수의 함수는 합성함수의 미분법으로 간단히 해결할 수 있다는 것을 알아야 합니다. 금방 해결할 수 있는 방법을 두고 사서 고생하지 말자는 얘깁니다. 합성함수의 미분법을 다시 한번 보고 이 문제를 해결하도록 합시다.

$$y=\{f(x)\}^n \Rightarrow y'=n\{f(x)\}^{n-1}f'(x)$$

공식을 이용하여 $y=(2x-5)^{100}$을 미분하도록 합니다.

$$y'=100(2x-5)^{99}(2x-5)'$$
$$=100(2x-5)^{99}\cdot 2$$
$$=200(2x-5)^{99}$$

자, 간단히 끝났습니다. 처음에는 밉상스럽게 보이던 합성함수의 미분이 이제는 정말 착하게만 보입니다. 그래서 사람이나 공식은 사귀어 봐야 알 수 있다고 합니다. 이상으로 이번 수업을 마치겠습니다.

수업 정리

❶ $y=c$ (단, c는 상수) ➡ $y'=0$

❷ $y=x^n$ (단, n은 자연수) ➡ $y'=nx^{n-1}$

❸ $y=cf(x)$ (단, c는 상수) ➡ $y'=cf'(x)$

❹ $y=f(x)\pm g(x)$ ➡ $y'=f'(x)\pm g'(x)$

요걸 합·차의 미분법이라고 부르기도 한답니다.

❺ $y=f(x)g(x)$ ➡ $y'=f'(x)g(x)+f(x)g'(x)$

요건 곱의 미분법이라고 하지요.

❻ $y=f(x)g(x)h(x)$ ➡
$y'=f'(x)g(x)h(x)+f(x)g'(x)h(x)+f(x)g(x)h'(x)$

7교시

미분계수와 기울기, 미분가능일 조건

미분계수와 접선의 기울기, 미분가능일 조건에 대해서 알아봅니다.

수업 목표

1. 미분계수와 접선의 기울기를 알아봅니다.
2. 미분가능일 조건을 알아봅니다.

미리 알면 좋아요

1. **기하학** 공간의 성질과 공간 안의 물체에 대한 성질을 다루는 수학의 주요 분야입니다.

2. **탄젠트** 한 점에서 곡선의 기울기는 접선의 기울기와 같습니다. 접선은 곡선 위의 두 점이 서로 접근할 때 곡선 위의 두 점을 지나는 할선의 극한 직선이라고 할 수 있습니다. 접면과 다른 곡면도 유사하게 정의합니다.

뉴턴의
일곱 번째 수업

 이번 수업은 앞에서 살짝 다룰 뻔했던 내용으로 모아 봤습니다. 우선, 미분계수의 기하학적인 의미를 알아보도록 하겠습니다. 기하학이란 쉽게 말해서 도형을 다루는 학문이라 할 수 있습니다.

 다음 그림에서 함수 $y=f(x)$ 그래프 위에 x좌표가 각각 a, $a+h$인 두 점 A, B를 잡아 평균변화율을 구하면, 이 평균변화율 $\dfrac{f(a+h)-f(a)}{h}$는 직선 AB의 기울기가 된다는 것을 알 수 있습니다. 여기서 분모 h는 $(a+h)-a$를 간단히 나타낸 것입니다. 우리가 중학교 과정에서 배운 '기울기 $= \dfrac{y의\ 변화량}{x의\ 변화량}$'입니다.

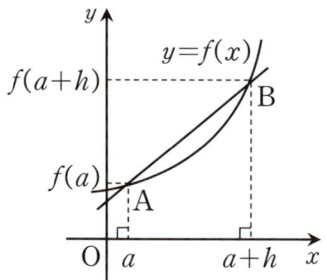

그런데 게임은 지금부터라고 볼 수 있습니다. 앞의 그래프에서 점 A를 고정시키고 h를 0에 한없이 가까워지게 하면 점 B는 그래프 위를 움직이면서 점 A에 가까워지고, 직선 AB는 점 A를 지나고 곡선에 접하는 직선 AT에 한없이 가까워집니다. 다음 그림을 보며 설명을 계속하겠습니다.

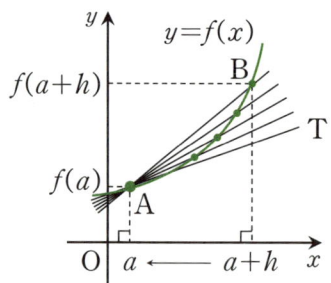

여기서 직선 AT를 점 A에서의 함수 $y=f(x)$의 접선이라 하며, 점 A를 접점이라고 합니다.

$h \to 0$일 때, 직선 AB의 기울기 극한값, 즉 함수 $y=f(x)$의 $x=a$에서의 미분계수 $\lim_{h \to 0} \dfrac{f(a+h)-f(a)}{h}=f'(a)$는 점 A($a$, $f(a)$)에서의 함수 $y=f(x)$의 접선 AT의 기울기와 같습니다.

접선 AT가 x축의 양의 방향과 이루는 각의 크기를 θ세타라 하면 $f'(a)=\tan\theta$탄젠트 세타입니다. 이 탄젠트 세타는 나중에 알게 될 것이므로 지금은 이름 정도만 알아 두도록 합니다. 그리고 tan탄젠트는 기울기와 관계 있는 삼각비입니다. 미끄럼을 타려고 하면 기울기가 필요하지요? 경사, 즉 기울기가 가파를수록 미끄럼의 재미는 더해집니다.

미분계수와 접선의 기울기

곡선 $y=f(x)$ 위의 한 점 $(a, f(a))$의 접선의 기울기는 함수 $y=f(x)$의 $x=a$에서 미분계수 $f'(a)$와 같습니다. 즉, 일반적으로 함수 $y=f(x)$가 미분가능할 때, 곡선 $y=f(x)$ 위의 점 $(a, f(a))$를 포함하는 부분을 크게 확대하면 곡선은 점 $(a, f(a))$에서의 접선에 가깝다는 사실입니다. 그림을 보도록 합시다.

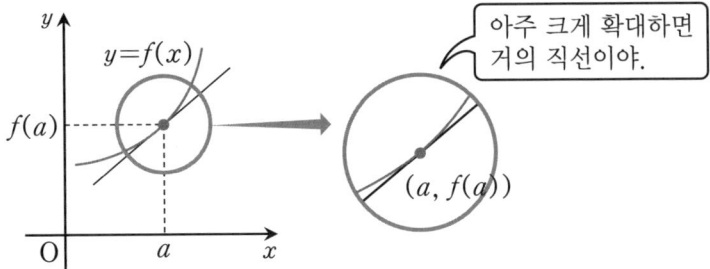

문제를 하나 풀어 보면서 미분계수의 기하학적인 의미를 정리하도록 하겠습니다. 곡선 $y=x^2-2x$ 위의 주어진 점 $(2,0)$에서 접선의 기울기는 얼마일까요?

여기서 도함수의 정의를 활용한다면 일이 상당히 복잡하게 꼬일 수 있습니다. 그래서 지금은 도함수의 정의를 사용하지 않겠습니다. 바로 함수식을 미분하여 x에 $(2,0)$의 x좌표값 2를 대입하여 처리하면 땡입니다. 일단 함수식을 미분하도록 합니다.

$y'=2x-2$

그리고 x에 2를 대입합니다. $2\times 2-2=2$로 접선의 기울기는 2입니다.

지금부터는 어떠한 경우에 미분할 수 있는지 미분가능일 조건을 알아보도록 하겠습니다. 함수 $y=f(x)$가 $x=a$에서 미분가능하면 $y=f(x)$는 $x=a$에서 연속이고 좌미분계수와 우미분계수가 같습니다. 좌미분계수, 우미분계수라는 말이 우리 뇌를 조금 혼란스럽게 하고 있지만 왼쪽과 오른쪽이 서로 다가오면서 같은 값을 갖는다고만 생각하세요. 그럼 미분가능일 조건을 식으로 나타내 보도록 하겠습니다.

$$f(x) = \begin{cases} g(x) & (x \leq a) \\ h(x) & (x > a) \end{cases}$$

쏙쏙 이해하기

$x=a$에서 미분가능일 조건

(1) $x=a$에서 연속이면 $g(a)=h(a)$
(2) $x=a$에서 좌미분계수와 우미분계수가 같아지면
  $g'(a)=h'(a)$

쥐선이는 무슨 말인지 하나도 모르겠다면서 자신의 머리를 쥐어뜯습니다. 그런데 쥐선이의 손에는 뽑힌 머리카락 대신에

머릿속에서 나온 비듬만 잔뜩 묻어 있습니다. 여기서 잠시 수학능력시험에 나온 문제와 유사한 문제를 가지고 더 자세히 알아보도록 하겠습니다.

쏙쏙 문제 풀기

함수 $f(x) = \begin{cases} 3x^2+1 & (x \geq 1) \\ mx+n & (x < 1) \end{cases}$ 가 $x=1$에서 미분가능할 때, $m+n$의 값을 찾아보시오.

문제를 풀기에 앞서 한 번 더 상기해 볼 내용이 있습니다. 함수 $f(x)$가 $x=a$에서 미분가능하면 $f(x)$는 $x=a$에서 연속입니다. 또 $x=a$에서 미분가능하면 (좌미분계수)=(우미분계수)이어야 합니다.

그럼 풀이 들어갑니다. 그런데 우리가 여기서 이 문제를 도함수의 정의를 이용해서 풀게 되면 쥐선이처럼 머리를 쥐어뜯게 되어 머릿속 비듬이 다 드러나게 될지도 모릅니다. 그래서 우리는 좀 더 쉬운 미분법 공식을 이용해 풀기로 하겠습니다. $f(x)$를 미분하여 다음과 같이 구하면 아주 쉽고 간단합니다.

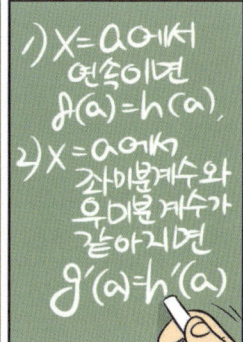

$g(x)=3x^2+1$, $h(x)=mx+n$이라고 하면 $g'(x)=6x$, $h'(x)=m$, $x=1$에서 미분가능하므로,

(1) $g(1)=h(1)$에서 $3+1=m+n$

　　∴ $m+n=4$

(2) $g'(1)=h'(1)$에서 $6=m$

　　∴ $m=6, n=-2$

> **쏙쏙 이해하기**
>
> $f(x) = \begin{cases} g(x) & (x \leq a) \\ h(x) & (x > a) \end{cases}$ 가 $x=a$에서 미분가능일 조건
>
> (1) $g(a) = h(a)$
> (2) $g'(a) = h'(a)$

정리해 보면, 함수 $f(x)$가 $x=a$에서 미분가능하면 $f(x)$는 $x=a$에서 연속이므로, $x=a$일 때의 함숫값 $g(a)$, $h(a)$가 같아야 합니다.(1) 또한 $x=a$에서 미분가능하면 좌우 미분계수 $g'(a) = h'(a)$이어야 합니다.(2)

이제 미분과 나머지정리와의 관계를 알아보도록 하겠습니다.

2차 이상의 다항식 $f(x)$가 $(x-a)^2$으로 나누어떨어질 조건은 $f(a)=0, f'(a)=0$입니다. 이해를 돕기 위해 문제를 풀어 보도록 하겠습니다.

> **쏙쏙 문제 풀기**
>
> $x^3 + mx^2 + n$이 $(x-2)^2$으로 나누어떨어지도록 상수 m, n의 값을 정하시오.

물론, 이 문제는 여러 방법으로 풀이 가능하겠지만 지금은 미분을 이용해 풀어 보도록 하겠습니다.

먼저 $f(x)=x^3+mx^2+n$이라 할 때, $(x-2)^2$으로 나누어떨어질 조건은 $f(2)=0, f'(2)=0$, 즉 함숫값이 0이 되고 미분한 값도 0이 되면 됩니다. 곧 나누어떨어진다고 할 수 있습니다.

이제 계산만 하면 m과 n의 정체를 밝혀낼 수 있습니다. 힘을 모아 계산하도록 합시다.

$f(2)=8+4m+n=0$
$f'(x)=3x^2+2mx$에서 $f'(2)=12+4m=0$

두 식을 연립해 풀어 보면 $m=-3, n=4$가 됩니다. 나누어떨어진다는 말이 0이 된다고 생각하면 쉽게 해결할 수 있게 됩니다. 그리고 함숫값과 미분한 값이 모두 0이 된다는 것도 알아두도록 합시다.

이제 수학능력시험에 출제되었던 문제를 하나 풀어 보면서 이번 수업을 마치도록 하겠습니다.

"네, 좋아요. 선생님!"

쏙쏙 문제 풀기

다음은 미분가능한 함수 $y=f(x)$와 $y=x$의 그래프이다. $0<a<b$일 때, 보기 중 옳은 것을 모두 고르시오.

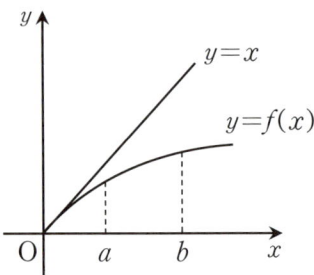

보기
① $\dfrac{f(a)}{a} < \dfrac{f(b)}{b}$

② $f(b)-f(a) > b-a$

③ $f'(a) > f'(b)$

그래프를 좀 더 잘 알 수 있도록 자세히 그리겠습니다.

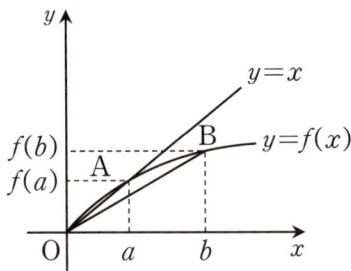

보기 ①

$\frac{f(a)}{a}$는 원점과 점 $(a, f(a))$를 잇는 직선의 기울기입니다. 그래프에서 보면 알겠지만 $\frac{f(a)}{a} > \frac{f(b)}{b}$ 입니다.

보기 ②

$\frac{f(b)-f(a)}{b-a}$는 직선 AB의 기울기이므로 1보다 작습니다. 그래프로 확인하면 $y=x$보다 아래에 직선이 그려지는 것을 보면 알 수 있습니다.

$$\therefore \frac{f(b)-f(a)}{b-a} < 1$$

이 식을 변형해 끼워 맞추면 $b-a>0$이므로 $f(b)-f(a) < b-a$가 됩니다.

보기 ③

$y=f(x)$에서 $f'(x)$는 접선의 기울기를 나타내므로 점 $A(a, f(a))$에서의 접선의 기울기가 점 $B(b, f(b))$에서의 접선의 기울기보다 크므로 $f'(a) > f'(b)$입니다. 따라서 ③번만 바르게 표현한 것입니다.

이상으로 이번 수업도 마치도록 하겠습니다.

수업 정리

미분계수와 접선의 기울기

곡선 $y=f(x)$ 위의 점 $(a, f(a))$에서 접선의 기울기는 함수 $y=f(x)$의 $x=a$에서 미분계수 $f'(a)$와 같습니다.

8교시

미분 전쟁

미분을 둘러싼 뉴턴과 라이프니츠의
역사적 소유권 다툼을 알아봅니다.

수업 목표

미분의 역사와 발전 과정을 배움으로써 앞으로 배우게 될 《라이프니츠가 들려주는 미분 3, 4 이야기》를 이해하는 데 도움을 얻을 수 있습니다.

미리 알면 좋아요

1. **애너그램** 단어나 문장을 구성하고 있는 문자의 순서를 바꾸어 다른 단어나 문장을 만드는 놀이입니다.

2. **해석학** 미적분학으로부터 발전한 수학의 한 분야입니다.

뉴턴의 여덟 번째 수업

여러분, 안녕하세요? 이번 수업은 저 쥐선이와 함께하도록 하겠습니다.

여러분은 '미분 전쟁'이라는 말을 들어 본 적 있나요? 수학에서 미분이라는 새로운 이론은 뉴턴과 라이프니츠, 이 두 수학자에 의해 발견되었답니다. 그런데 둘 사이에는 미분을 둘러싼 우선권 분쟁이 있었다고 합니다. 이번 시간에는 바로 그 사건, 이른바 '미분 전쟁'에 대해서 알아볼 텐데요. 이 사건은 수학사에서 가장 흥미로웠던 전쟁이라 불리고 있답니다. 그 때문에 공정성을 기하기 위해 뉴턴 선생님 대신 저 쥐선이가 이번 수업을 진행하겠습니다.

사실 말이지 우리 같은 보통 사람이라면 서로 미분을 가지지 않으려고 전쟁을 벌였을 텐데 오히려 수학자들은 자기가 미분을 가지려고 전쟁을 벌였대요. 하여튼 이상한 사람들 같습니다.

우선, 피고 뉴턴과 라이프니츠를 출석시키기 전에 서기를 불러 미분에 대해 간략히 이야기를 들어 보도록 하겠습니다. 서기!

"네, 미분은 한마디로 중세까지만 해도 초등 수준에 머물렀던 수학을 고등 수준으로 바꾸어 놓은 장본인이라 할 수 있습니다."

나, 쥐선이는 수학은 초등 수학이면 그만인데……. 이 미분 때문에 수학이 어려워졌구나!

"미분은 어떤 곡선의 접선이나 넓이 그리고 부피 문제를 풀 수 있는 열쇠입니다. 끝이 있는 수학을 끝이 없는 수학의 세계로 만든 장본인입니다."

끝이 없는 수학이라……. 상상만 해도 끔찍하군.

"미분은 수학뿐만 아니라 사회 과학에도 지대한 영향을 끼쳤습니다. 그리고 미분은……."

아, 그만. 이제 됐어요. 끔찍한 미분 이야기는 앞에서 많이 다루었으니 잠시 접어 두기로 하고 이제 왜 뉴턴과 라이프니츠가 미분 전쟁을 벌이게 되었는지 본격적으로 알아보도록 합시다.

"네. 흐음, 그렇게 하지요. 당신 같은 재판관은 처음입니다만, 사건의 요지는 미분의 최초 발견자가 누구인지를 두고 영국을 대표한 뉴턴과 유럽 대륙을 대표한 라이프니츠가 미분 우선권 분쟁을 벌였다는 데 있습니다."

이런, 이런. 그렇게 끔찍한 미분을 두고 서로 차지하려고 했다니. 정말 나나 우리 학생들은 이해가 안 될 거야. 하여튼 수학자 양반들은 이상해. 하지만 나, 박쥐선은 지금 판사의 신분이니 그들의 주장을 들어 보기로 하겠습니다.

"사건의 시작은 이렇습니다. 어느 날 라이프니츠는 논평을 통해 뉴턴이 자신에게 미적분학을 배웠음을 발표했습니다. 하지만 뉴턴은 이에 대해 침묵을 지켰고 그의 친구인 파티오가 화가 나 라이프니츠의 주장이 사실이 아님을 역설했습니다. 뉴턴의 친구 파티오는 라이프니츠에게 그의 미분학은 뉴턴의 미분에 대한 '약탈된 복사본'이라며 전쟁을 선포하였습니다."

약탈된 복사본? 야, 재밌겠는데?

"나중에 뉴턴은 이렇게 말했습니다. '나는 이미 라이프니츠가 미분을 발표하기 20년 전에 미분을 완성했다. 그리고 나는 새로운 발견에 대해 그때 이미 라이프니츠와 의논했다.'"

뉴턴의 주장은 결국 라이프니츠가 먼저 발표했더라도 미분은 자신이 이루어 놓은 성과라는 말이군?

"이제 라이프니츠 측 주장을 들어 보겠습니다."

"안녕하세요? 라이프니츠입니다. 나는 자그마치 10년 동안이나 미분을 발전시키고 발표하였습니다. 그리고 나는 맹세코 뉴턴이 미분을 먼저 발견했다는 사실을 몰랐습니다. 파리에 있는 동안 나는 뉴턴과 편지를 주고받았으며, 미분에 대해 조언을 구했지만 그는 미분에 대해 말해 준 적이 없습니다. 그래서 나는 아주 중요한 발견인 미분을 뉴턴이 일부러 발표하지 않았다는 주장이 이상하게만 들립니다."

"뉴턴입니다. 이제부터 라이프니츠의 주장에 대해 반박하겠습니다. 나는 미분에 대한 생각이 라이프니츠와 달랐습니다. 미분은 새로운 이론이라기보다는 고대로부터 발전해 온 어떤 것을 단순히 찾아낸 것에 불과하다고 생각했습니다. 그래서 나는 굳이 그것을 세상에 발표하지 않았던 것입니다."

라이프니츠 선생님이 말씀할 차례입니다.

"나는 여전히 미분의 발견을 미래를 선도할 새로운 도구의 발견이라고 생각합니다."

나, 쥐선이는 미분이 학생들을 괴롭히는 괴물이라고 생각하는데. 사람들마다 생각이 무척 다르군요. 안 그래요, 서기관?

"뉴턴과 라이프니츠가 처음부터 미분으로 분쟁한 것은 아니었습니다. 싸움은 오히려 지지자들의 사소한 주장 때문에 발생했습니다. 그 둘은 곧 논쟁에 휘말리게 되었고, 싸움 역시 신사답지 못한 방향으로 흘러가게 되었습니다. 뉴턴이 라이프니츠에게 보낸 첫 번째 편지를 증거로 제시합니다."

$$6acc \cdots\cdots 4s \; 9t \; 12$$

"과연 이 기호의 정체는 무엇일까요? 이 기호는 두 수학자가 살던 당시 유행하던 애너그램이라는 철자 바꾸기 놀이입니다. 수수께끼 같은 문자를 풀어 보면 라틴어로 미분방정식의 원리를 나타낸다는 것을 알 수 있습니다. 뉴턴은 이것을 증거로 자신이 먼저 미분을 만들었다고 주장하는 것입니다. 이에 질세라 라이프니츠도 증거 편지를 제시합니다. 라이프니츠의 답장에는 dx, dy와 같은 기호가 있습니다. 이 기호는 오늘날 미분 기호로 쓰이고 있습니다. 이로써 라이프니츠는 자신이 미분을 먼저 만들었다고 주장하고 있습니다. 여기서 우리는 잠시 뉴턴이 살았던 상점의 주인을 증인으로 모시도록 하겠습니다. 증인, 나와 주세요."

"안녕하세요. 저는 뉴턴이 살았던 상점 주인입니다. 저는 뉴턴에 대해 잘 알고 있죠. 그는 매우 소심한 성격의 소유자였습니다. 그는 거스름돈을 적게 받아도 절대 말하지 못하는 성격이었습니다. 그런 그의 성격을 미루어 보아 자신이 미분이라는 것을 발견하고 나서 소심한 성격 때문에 발표하지 않았던 것 같습니다."

"이번에는 라이프니츠 측 증인을 모시도록 하겠습니다. 목사님, 들어오세요."

"라이프니츠는 정말이지 독실한 기독교 신자였습니다. 그는 절대 거짓말하지 못하는 성격이었습니다. 그에게 문제가 있었다면 간혹 연구에 몰두한 다음 날 교회에 와서 심하게 코를 골았다는 것뿐입니다. 그는 결코 거짓말할 사람이 아닙니다. 그런데 저는 궁금한 것이 있습니다. 만약 뉴턴이 미분을 먼저 발견했다면 그는 왜 자신의 저서 《프린키피아》에서 그에 관한 단 한 줄의 언급도 하지 않았던 것일까요? 누구라도 대답해 주시기 바랍니다."

"가만히 듣고 보니 그렇군요. 뉴턴 측에서 대답해 주시죠."

"네, 부끄럼 많은 뉴턴 선생님을 대신해 변호인인 제가 대답하도록 하죠. 뉴턴 선생님은 분명 그의 책에서 미분을 다루지 않았습니다. 하지만 1669년 무렵부터 그는 가까운 친지에게 미분의 일부를 알려 주었음이 확인되고 있습니다."

"아, 그럼 그 친지들을 이 자리에 데려 올 수 있나요?"

"안타깝지만, 그들은 이미 모두 이 세상 사람이 아닙니다."

아, 이거 판결을 내리기가 정말 힘들군요. 그냥 서로서로 조금씩 양보하면 안 되겠어요?

"라이프니츠 측에서 한마디 하겠습니다. 우리는 1677년에 출간한 미적분 이론을 1684년에 정식 공표한 적이 있는데, 1699년 스위스 수학자 드 듀리에가 왕립학회에서 우리의 미적분이 뉴턴의 생각을 훔쳐 온 것이라고 주장하면서부터 감정이 상하기 시작했습니다. 그리고 1705년에 우리는 뉴턴이야말로 우리의 미적분 개념을 훔쳐 간 장본인이라고 말하게 된 것이죠."

아하! 그래서 서로 감정싸움을 하게 된 것이군요. 아, 어떻게 판결해야 할지 머리에 쥐가 납니다. 서기는 어서 와서 내 머리에 쥐약을 뿌려 주세요.

"이런 공방이 계속되고 라이프니츠는 뉴턴이 수학적으로 미적분학을 먼저 시작했다는 것을 결코 인정하지 않았습니다. 서로 감정이 많이 상했거든요. 그 감정에 빨간약을 발라 치료해 주고 싶습니다. 하지만 라이프니츠는 뉴턴의 사상까지 비난하기 시작했습니다. 뉴턴도 라이프니츠가 죽은 후인 1722년까지도 라이프니츠에 대해 자기주장을 고집했습니다. 그리고 논쟁은 그들 주변의 수학자들에게 의해 여전히 활활 타올랐답니다."

나, 쥐선이는 이제 판결을 내리려고 합니다. 하지만 양측의 주장이 너무 팽팽하여 다음과 같은 결론을 내릴 수밖에 없었습니다.

판결문

사건 : 뉴턴과 라이프니츠의 미분 전쟁

신청인 : 미분을 공부하는 학생들

미분에 대한 뉴턴의 접근은 기본적으로 기하학적이었고, 라이프니츠의 접근은 대수적이었습니다. 이는 곧 미분에 대한 그들의 사고가 달랐다는 것을 말해 줍니다.

우선 이 전쟁은 평화를 사랑하는 학자 사이에서 일어났다는 점을 유감으로 생각해야 합니다. 미적분의 발견을 둘러싼 영국의 뉴턴, 독일의 라이프니츠 그리고 그들 지지자 간에 일어난 이 큰 싸움은 약 100년 동안이나 지속되었습니다. 이로 인해 영국과 대륙 간의 학문 교류가 끊기는 등 많은 아쉬움을 남긴 사건이기도 합니다. 뉴턴과 라이프니츠의 주장은 수학에서 말하는 평행선, 즉 결코 만나지 않는 두 직선의 형태를 띠었습니다.

하지만 배심원들의 공통된 의견은 두 사람 모두 미적분

의 우선권자로 대우하자는 것입니다. 왜냐하면 뉴턴은 기하학적으로 그리고 라이프니츠는 대수적으로 서로 무관하게 미적분 원리를 발견했다고 볼 수 있기 때문입니다. 뉴턴은 물체의 운동에서 속도를 정의하기 위해서 미분법을 발견하였고, 라이프니츠는 곡선의 접선 또는 극대·극소를 알기 위한 수단으로 미분을 발견하였습니다. 같은 미분이라도 사용 방법을 달리했다는 것으로 보아 그들은 독자적으로 미분을 발견한 것 같습니다.

 이 재판에서 무엇보다 중요한 것은 미분이 두 수학자 간의 우선권 분쟁을 일으켰을 만큼 수학과 여타 학문에 있어 큰 가치를 지니고 있다는 점입니다. 자연 과학은 물론 인문·사회 과학을 이해할 때 미분의 역할은 지대합니다. 그래서 저, 쥐선 재판장은 두 수학자 모두 이 재판에서 이겼다고 판정을 내리겠습니다.

 이상으로 재판을 마치겠습니다.

수업 정리

❶ 뉴턴은 물체의 운동에서 속도를 정의하기 위해서 미분법을 발견하였고, 이와는 별도로 라이프니츠는 곡선의 접선 또는 극대·극소를 알기 위한 수단으로 미분을 발견하였습니다.

❷ 기본적으로 뉴턴의 접근은 기하학적이었고 라이프니츠의 접근은 대수적이었습니다. 이 말은 곧 그들의 미분에 대한 사고가 각기 달랐다는 것입니다.

NEW 수학자가 들려주는 수학 이야기 70
뉴턴이 들려주는 미분 2 이야기

ⓒ 김승태, 2009

2판 1쇄 인쇄일 | 2025년 9월 25일
2판 1쇄 발행일 | 2025년 10월 15일

지은이 | 김화영
펴낸이 | 정은영
펴낸곳 | (주)자음과모음

출판등록 | 2001년 11월 28일 제2001-000259호
주소 | 10881 경기도 파주시 회동길 325-20
전화 | 편집부 (02)324-2347, 경영지원부 (02)325-6047
팩스 | 편집부 (02)324-2348, 경영지원부 (02)2648-1311
e-mail | jamoteen@jamobook.com

ISBN 978-89-544-5315-8 44410
　　　978-89-544-5196-3 (세트)

• 잘못된 책은 교환해 드립니다.